道路安全隐患排查治理

公安部交通管理科学研究所　编著

人民交通出版社股份有限公司

北京

内 容 提 要

本书主要内容包括道路安全隐患排查治理相关规定、道路及设施与事故关联性解析、道路安全隐患排查与判别方法、道路安全隐患常见问题、道路安全隐患排查治理要点等，并提供了典型路段安全隐患排查及治理的应用案例。本书从理论到实践，为道路安全隐患排查治理工作提供全面的技术指导。

本书可供道路主管部门、公安交通管理部门、设施管理养护部门的管理人员、工程技术人员使用，也可作为科研院校、咨询设计单位等从业人员的参考资料。

图书在版编目（CIP）数据

道路安全隐患排查治理／公安部交通管理科学研究
所编著. — 北京 ：人民交通出版社股份有限公司，
2022.5
  ISBN 978-7-114-17960-0

Ⅰ.①道… Ⅱ.①公… Ⅲ.①公路运输—交通运输安
全—安全隐患—安全检查 Ⅳ.①U492.8

中国版本图书馆 CIP 数据核字（2022）第 078651 号

	Daolu Anquan Yinhuan Paicha Zhili
书　　名：	道路安全隐患排查治理
著 作 者：	公安部交通管理科学研究所
责任编辑：	潘艳霞　　周　宇
责任校对：	孙国靖　　宋佳时
责任印制：	刘高彤
出版发行：	人民交通出版社股份有限公司
地　　址：	（100011）北京市朝阳区安定门外外馆斜街 3 号
网　　址：	http：//www.ccpcl.com.cn
销售电话：	（010）59757973
总 经 销：	人民交通出版社股份有限公司发行部
经　　销：	各地新华书店
印　　刷：	北京市密东印刷有限公司
开　　本：	787×1092　1/16
印　　张：	11.75
字　　数：	201 千
版　　次：	2022 年 5 月　第 1 版
印　　次：	2024 年 5 月　第 5 次印刷
书　　号：	ISBN 978-7-114-17960-0
定　　价：	98.00 元

序言

当前，我国正处于机动化社会快速发展阶段，人、车、路等道路交通要素持续迅猛增长，通行需求和安全预期与交通参与者安全文明素质、道路安全通行条件、车辆安全技术性能、交通管理执法水平等存在不相适应，道路交通安全风险因素相互叠加。国务院高度重视道路交通安全基础工作，《国务院关于加强道路交通安全工作的指导意见》（国发〔2012〕30号）、《国务院办公厅关于实施公路安全生命防护工程的意见》（国办发〔2014〕55号）就加强道路安全基础设施建设、深入开展隐患排查治理进行专项部署。"十三五"期间，全国实施的公路安全生命防护工程，有效提升了道路安全保障水平。"十四五"期间，随着城乡一体化发展进程快速推进、高密度公路网加速形成、机动车和驾驶人数量持续大幅增长，多样化、更高品质的出行需求将对道路安全通行设施建设和交通秩序管理工作提出新的更高要求。

为预防和减少道路交通事故，保护人民群众生命财产安全，公安部在全国范围内部署开展《国省道交通安全文明示范路创建活动方案》（2020—2022年），交通运输部、公安部联合开展《公路安全设施和交通秩序管理精细化提升行动方案》（2022—2025 年）。持续推动完善道路安全基础设施，调整优化勤务管理模式，优化道路通行秩序，引领道路交通现代化治理能力和水平整体提升，全力营造安全、畅通、有序、和谐的道路通行环境，在公安部交通管理局的指导下和各地公安交管部门的支持下，公安部交通管理科学研究所交通安全研究团队持续研究中国道路交通特征、交通特点和道路交通安全设施技术要求，积极参与交通事故预防"减量控大"和国省道交通安全文明示范创建活动等工作，并结合多年工作实践经验，编写了《道路安全隐患排查治理》。

《道路安全隐患排查治理》阐述了我国道路安全隐患排查治理的背景，全面总结了道路及设施安全管理相关的法律法规要求，系统论述了道路及设施因素对交通安全的影响，深入分析了道路及设施因素与交通事故的关联性，明确提出了道路安全隐患排查与判别的方法，解析了道路安全隐患常见问题，并通过典型案例提出了道路安全隐患排查要点和治理对策。本书内容丰富翔实，理论和实践兼具，分析透彻深刻，具有很强的针对性、指导性，可为国省道文明示范路创建、公路安全设施精细化提升等工作的有序开展和稳步推进提供强有力的技术支撑。

2022 年 4 月

　　随着我国经济社会快速发展，城镇化、机动化水平不断提高，人民群众对安全、畅通、美好出行的需求日趋迫切，但当前我国道路交通安全水平依然不高，问题依然较多。在道路交通大发展、出行规模大提升、交通安全工作大加压的形势下，进一步从解决影响和制约道路交通安全的源头性、基础性问题入手，在持续强化公众交通安全文明素质教育、提升机动车安全性能的同时，以国省公路、农村公路等道路为重点，集中整治易发生重特大事故、易造成群死群伤的临水临崖、急弯陡坡等隐患路段，增设安全防护设施，以改善道路通行条件，是适应当前道路交通快速发展、稳定安全形势的有效措施。

　　道路安全隐患排查治理针对在运营道路，是发现和整改道路安全问题、预防和减少道路交通事故的重要前提。编者结合多年科学研究成果和工程实践经验，编制了《道路安全隐患排查治理》。本书给出了道路安全隐患排查治理的流程和方法，总结了公路常见的交通安全问题，阐述了典型路段安全隐患排查要点、治理对策和案例解析，列出了排查治理报告编制提纲。本书的出版以期为公安交通管理部门、道路主管部门、道路设计建设养护部门、科研院所和高等院校等管理人员、工程技术人员和科研人员，开展道路安全隐患排查治理工作提供参考。

本书的编写得到了公安部交通管理局的大力指导和协助。江西、福建、贵州、云南等 31 个省（自治区、直辖市）公安交通管理部门提供了宝贵的案例资料，对于丰富本书内容起到了重要作用，在此表示感谢！由于编者水平有限，书中难免存在错误、疏漏，请各位读者予以批评指正！

编　者
2022 年 4 月

目录

第 1 章

CHAPTER 1

绪论

本章结合近年来重特大道路交通事故情况，从交通事故中人、车、路等成因构成层面阐述道路因素存在的安全风险，解读政府出台的道路安全隐患排查治理工作相关政策文件。同时，从法律法规、标准规范、规范性文件3个层面对道路及设施安全管理问题涉及的主要规定进行梳理，明确道路及设施的责任边界和可能涉及的法律风险。

1.1 道路安全隐患排查治理背景

1.1.1 道路因素中潜在安全风险

当前，我国正处于道路交通大发展阶段。2000年以来，全国年均增加机动车1600万辆、驾驶人2000万人、公路通车里程19万公里，截至2021年底，全国机动车保有量已达3.95亿辆，驾驶人数量已达4.81亿人，公路通车里程约为520万公里。同快速发展的道路交通要素相比，当前道路交通安全的基础仍然较为薄弱。特别是我国幅员辽阔，道路线长面广，东、中、西部地形地貌以及经济发展水平不同带来的道路交通环境差异较大，三级以下低等级公路、农村公路通车里程所占比例较大，平均达86%以上。由于受资金、环境等因素制约，许多道路安全防护设施匮乏，特别是临水临崖、急弯、陡坡等路段，安全隐患较为突出，翻坠车事故易发多发，已成为影响道路行车安全的重要因素。据统计，2006—2021年，全国共发生278起一次死亡10人以上重特大道路交通事故，其中翻坠车事故共156起，占56.1%；农村道路发生重特大事故73起，其中翻坠车事故60起（82.2%）。2021年，全国发生在弯坡路段翻坠车事故造成1713人死亡，占弯坡路段死亡总数的13.9%，其中三级以下低等级公路死亡人数占所有等级公路的比重同比下降4.4个百分点；农村道路事故死亡人数占所有道路事故死亡人数的比重同比下降2.0个百分点，其中翻坠车事故死亡人数占农村道路死亡总人数的10.0%。

关于道路交通安全系统中各要素的关系，美国威廉·哈顿（William Haddon）用矩阵形式表示，即著名的哈顿矩阵模型，如表1-1所示。

哈 顿 矩 阵 模 型　　　　　　　　　　表 1-1

阶　段		因　素		
		人员	车辆和设备	道路和环境
碰撞前	防止事故	信息，态度，损伤，交通执法力度	车辆性能（照明、制动、操控），速度管理	道路设计和道路布局，速度限制，行人装备
碰撞时	防止受伤	约束装置的使用，损伤	乘员约束装置，其他安全装置，防碰撞设计	道路两侧防碰撞物体
碰撞后	生命支持	急救技术，获得医疗帮助	容易进入车内，防止起火	救援设施，交通阻塞

　　哈顿矩阵 9 个单元中的每一个单元都会对碰撞或伤亡有直接或间接的影响，甚至成为主要或重要原因。反之，其中任何一个或几个环节的改善可能会打断"事故因素链"，从而减少事故或降低事故伤害。对哈顿矩阵的进一步研究可见，在碰撞发生前即预防碰撞发生阶段，人、车、路三方面都可采取较为有效措施。在碰撞发生过程中，为有效减少死伤率，通常从车、路两方面采取被动防护措施，护栏的增设和改善是减少恶性事故的有效措施之一。

　　美国联邦公路安全管理局（NHTSA）曾对美国道路交通事故致因进行分析，得到交通事故中人、车、路三要素之间的关系，结果如图 1-1 所示。

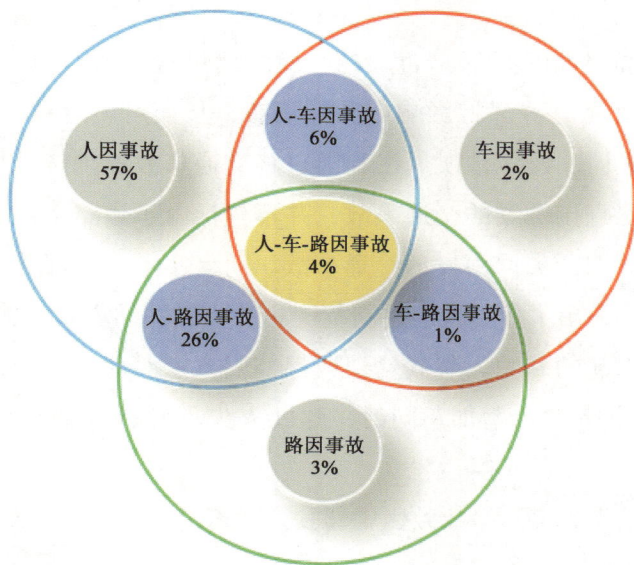

图 1-1　美国道路交通事故致因分布

　　从图 1-1 中可以看出，人、车、路对于交通事故的发生都有一定程度的作用。其中，由人、车、路要素直接导致的交通事故占比分别为 57%、2% 和 3%，即人、车、路作为直接原因的比重为57∶2∶3；但93%的事故与人有关，13%的事故与车有关，34%的事故与路有关。

综合国内外相关机构及研究人员的观点，对以下几点的认识还是比较一致的：①在人、车、路组成的系统中，人是环境的理解者和指令的发出者及操作者，车和路的因素必须通过人才能起作用。人、车、路组成的系统时刻在变化，因此是不稳定的，三者靠人的干预达到平衡，人无疑是道路事故的关键因素。但人本身具有不可靠性，不能指望通过培训和管理使人完全不犯错误，特别是在国家进入机动化社会的初期，人的安全意识低、危险行为多存在一定的必然性。②人可能会犯导致交通事故的错误，但错误的代价不应该是重伤或死亡；人体只能承受一定的撞击力，超过这个范围就会受伤甚至死亡；人有遵守交通法规、谨慎行事的责任，但道路和车辆的设计者、建造者、管理者有防止交通事故并减轻事故伤害的共同责任。③交通事故成因不一定能直接引导提出整治措施。英国运输部在《交通事故调查手册》（1986年）中指出：当考虑减少交通事故的整治措施时，必须认识到，最有效的措施也许在另外的因素中，特别是那些被认为因驾驶人观察错误和操作不当引起的事故，改善道路条件比训练驾驶人更经济、效果更好。

道路平曲线和竖曲线线形是否顺畅、横断面过渡是否自然、视距是否通透、信息告知提示是否充分等都将影响道路使用者，从而可能导致驾驶人精神紧张、观察错误、判断失误、操作错误。在我国道路交通事故原因统计中，道路因素主要指由于道路缺陷直接诱发的交通事故，并不包括由于道路条件不良导致的驾驶人观察错误或部分判断失误引发的交通事故。而事实上，这部分事故往往与道路条件不符合标准、超出了驾驶人的控制范围相关，但被纳入驾驶人因素的统计中。若将由道路条件引起的驾驶人观察错误或误判归入道路因素，则道路因素在交通事故中所占的比率将大幅增加。同时，驾驶人失误和操作错误所占比率会明显下降。

根据统计方法得到交通事故致因中驾驶人因素组成如表1-2所示，道路交通事故原因构成如表1-3所示。

事故中驾驶人因素组成（%）　　　　　　　　　　　　　表1-2

观察错误	判断失误	操作错误	其　他
54.81	36.87	9.15	0.79

道路交通事故原因统计（%）　　　　　表1-3

年份	机动车违法	机动车非违法过错	非机动车违法	行人乘车人违法	道　路	意　外
2016	86.60	4.63	7.57	1.07	0.02	0.11
2017	85.43	4.95	8.35	1.16	0.01	0.10
2018	84.84	4.40	9.52	1.12	0.01	0.11
2019	83.24	4.76	10.57	1.28	0.02	0.13
2020	82.75	4.69	11.09	1.32	0.02	0.13

在驾驶人的因素中，假设"观察错误"中有20%是由于道路条件不良引发的事故，经计算可以发现，交通事故中道路因素的占比将大幅增加，如表1-4所示。

道路交通事故原因修正统计（%）　　　　　表1-4

年份	机动车违法	机动车非违法过错	非机动车违法	行人乘车人违法	道　路	意　外
2016	78.27	4.63	7.57	1.07	8.35	0.11
2017	76.07	4.95	8.35	1.16	9.37	0.10
2018	75.54	4.40	9.52	1.12	9.31	0.11
2019	74.12	4.76	10.57	1.28	9.14	0.13
2020	73.68	4.69	11.09	1.32	9.09	0.13

1.1.2　政府高度重视隐患治理

近年来，国家高度重视道路交通安全工作。有关职能部门积极采取措施，加强道路安全设施建设，深入排查治理道路安全隐患。2012年，《国务院关于加强道路交通安全工作的意见》（国发〔2012〕30号）中就提高道路安全保障水平、强化农村道路交通安全基础、改善农村道路交通安全环境等提出了具体要求。2014年《国务院办公厅关于实施公路安全生命防护工程实施意见》（国办发〔2014〕55号）明确2014年至2020年的治理目标、资金投入、体制机制等要求。交通运输部自2004年起在全国干线公路大力推动实施"公路安全保障工程"，2015年发布了《公路安全生命防护工程实施技术指南（试行）》，有效地提高了公路行车的安全性。公安部2019年发布了《公路交通事故多发点段及严重安全隐患排查工作规范（试行）》，2020年发布了《国省道交通安全文明示范路创建方案》（2020—2022年），推动完善了交通安全基础设施，净化了道路通行秩序，预防和减少了交通事故。2022 年，交通运输部和公安部联合发布了《公路安全设施和交通秩序管理精细化提升行动方案》（2022—2025 年），推动公路安全设施从"有没有"向"好不好"转变，促进交通秩序管理从"粗放式"向"精细化"转变，为人民群众出行创造更加安全、有序的公路交通环境。

地方政府结合实际，大胆开拓创新，因地制宜采取了设置波形梁护栏、防撞墙、减速设施及工程改造等措施，预防和减少交通事故。通过完善交通标志和标线，整治视距不良路段等手段，改善道路行车条件；通过提高路面抗滑性，设置爬坡车道、避险车道，减少因雨雪路滑、制动失控引起的交通事故；通过增设安全防护设施，减少车辆坠崖等特大恶性交通事故。重庆、四川、浙江、江苏、湖北等地探索采取加强道路安全基础设施建设、改善道路安全环境的措施，主动预防和减少道路交通事故，确保了群众的平安出行，被广大群众誉为"生命工程"。其中，重庆市实施"生命工程"之前的 1997—2002 年，年均发生重特大交通事故 6 起。实施之后，在交通量逐年增加 15% 的情况下，2003—2007 年年均重特大事故降至 2 起，2008 年以来未发生翻坠车重特大交通事故。

1.2　道路及设施安全管理规定

道路及设施安全管理，依据法律、法规、规章或者国家标准、行业标准、地方标准等相关规定，涉及道路安全隐患排查整改监管、施工监管、质量监督、公路养护监管、交工验收等相关方面，涵盖道路设计、施工、养护、运营管理等相关环节。

1.2.1　法律层面主要规定

道路及设施安全管理在法律层面，主要涉及《中华人民共和国道路交通安全法》《中华人民共和国公路法》《中华人民共和国刑法》《中华人民共和国民法典》等相关规定。

1）《中华人民共和国道路交通安全法》

第二十五条　全国实行统一的道路交通信号。

交通信号包括交通信号灯、交通标志、交通标线和交通警察的指挥。

交通信号灯、交通标志、交通标线的设置应当符合道路交通安全、畅通的要求和国家标准，并保持清晰、醒目、准确、完好。

根据通行需要，应当及时增设、调换、更新道路交通信号。增设、调换、更新限制性的道路交通信号，应当提前向社会公告，广泛进行宣传。

第二十八条　任何单位和个人不得擅自设置、移动、占用、损毁交通信号灯、交通标志、交通标线。

道路两侧及隔离带上种植的树木或者其他植物，设置的广告牌、管线等，应当与交通设施保持必要的距离，不得遮挡路灯、交通信号灯、交通标志，不得妨碍安全视距，不得影响通行。

第二十九条　道路、停车场和道路配套设施的规划、设计、建设，应当符合道路交通安全、畅通的要求，并根据交通需求及时调整。

公安机关交通管理部门发现已经投入使用的道路存在交通事故频发路段，或者停车场、道路配套设施存在交通安全严重隐患的，应当及时向当地人民政府报告，并提出防范交通事故、消除隐患的建议，当地人民政府应当及时作出处理决定。

第三十条　道路出现坍塌、坑槽、水毁、隆起等损毁或者交通信号灯、交通标志、交通标线等交通设施损毁、灭失的，道路、交通设施的养护部门或者管理部门应当设置警示标志并及时修复。

第三十二条　因工程建设需要占用、挖掘道路，或者跨越、穿越道路架设、增设管线设施，应当事先征得道路主管部门的同意；影响交通安全的，还应当征得公安机关交通管理部门的同意。

施工作业单位应当在经批准的路段和时间内施工作业，并在距离施工作业地点来车方向安全距离处设置明显的安全警示标志，采取防护措施；施工作业完毕，应当迅速清除道路上的障碍物，消除安全隐患，经道路主管部门和公安机关交通管理部门验收合格，符合通行要求后，方可恢复通行。

对未中断交通的施工作业道路，公安机关交通管理部门应当加强交通安全监督检查，维护道路交通秩序。

第一百零四条　未经批准，擅自挖掘道路、占用道路施工或者从事其他影响道路交通安全活动的，由道路主管部门责令停止违法行为，并恢复原状，可以依法给予罚款；致使通行的人员、车辆及其他财产遭受损失的，依法承担赔偿责任。

有前款行为，影响道路交通安全活动的，公安机关交通管理部门可以责令停止违法行为，迅速恢复交通。

第一百零六条　在道路两侧及隔离带上种植树木、其他植物或者设置广告牌、管线等，遮挡路灯、交通信号灯、交通标志，妨碍安全视距的，由公安机关交通管理部门责令行为人排除障碍；拒不执行的，处二百元以上二千元以下罚款，并强制排除障碍，所需费用由行为人负担。

2）《中华人民共和国公路法》

第二十条　县级以上人民政府交通主管部门应当依据职责维护公路建设秩序，加强对公路建设的监督管理。

第三十条　公路建设项目的设计和施工，应当符合依法保护环境、保护文物古迹和防止水土流失的要求。

公路规划中贯彻国防要求的公路建设项目，应当严格按照规划进行建设，以保证国防交通的需要。

第三十一条　因建设公路影响铁路、水利、电力、邮电设施和其他设施施工正常使用时，公路建设单位应当事先征得有关部门的同意；因公路建设对有关设施造成损坏的，公路建设单位应当按照不低于该设施原有的技术标准予以修复或者给予相应的经济补偿。

第三十二条　改建公路时，施工单位应当在施工路段两端设置明显的施工标志、安全标志。需要车辆绕行的，应当在绕行路口设置标志；不能绕行的，必须修建临时道路，保证车辆和行人通行。

第三十三条　公路建设项目和公路修复项目竣工后，应当按照国家有关规定进行验收；未经验收或者验收不合格的，不得交付使用。

建成的公路，应当按照国务院交通主管部门的规定设置明显的标志、标线。

第三十五条　公路管理机构应当按照国务院交通主管部门规定的技术规范和操作规程对公路进行养护，保证公路经常处于良好的技术状态。

第三十九条　为保障公路养护人员的人身安全，公路养护人员进行养护作业时，应当穿着统一的安全标志服；利用车辆进行养护作业时，应当在公路作业车辆上设置明显的作业标志。

公路养护车辆进行作业时，在不影响过往车辆通行的前提下，其行驶路线和方向不受公路标志、标线限制；过往车辆对公路养护车辆和人员应当注意避让。

公路养护工程施工影响车辆、行人通行时，施工单位应当依照本法第三十二条的规定办理。

第四十条　因严重自然灾害致使国道、省道交通中断，公路管理机构应当及时修复；公路管理机构难以及时修复时，县级以上地方人民政府应当及时组织当地机关、团体、企业事业单位、城乡居民进行抢修，并可以请求当地驻军支援，尽快恢复交通。

第四十七条　在大中型公路桥梁和渡口周围二百米、公路隧道上方和洞口外一百米范围内，以及在公路两侧一定距离内，不得挖砂、采石、取土、倾倒废弃物，不得进行爆破作业以及其他危及公路、公路桥梁、公路隧道、公路渡口安全的活动。

在前款范围内因抢修、防汛需要修筑堤坝、压缩或者拓宽河床的，应当事先报经省、自治区、直辖市人民政府交通主管部门会同水行政主管部门批准，并采取有效的保护有关的公路、公路桥梁、公路隧道、公路渡口安全的措施。

第五十四条　任何单位和个人未经县级以上地方人民政府交通主管部门批准，不得在公路用地范围内设置公路标志以外的其他标志。

第七十条　交通主管部门、公路管理机构负有管理和保护公路的责任，有权检查、制止各种侵占、损坏公路、公路用地、公路附属设施及其他违反本法规定的行为。

第七十九条　违反本法第五十四条规定，在公路用地范围内设置公路标志以外的其他标志的，由交通主管部门责令限期拆除，可以处二万元以下罚款；逾期不拆除的，由交通主管部门拆除，有关费用由设置者负担。

第八十一条　违反本法第五十六条规定，在公路建筑控制区内修建建筑物、地面构筑物或者擅自埋设管线、电缆等设施的，由交通主管部门责令限期拆除，并可以处五万元以下的罚款。逾期不拆除的，由交通主管部门拆除，有关费用由建筑者、构筑者承担。

3）《中华人民共和国刑法》

第一百三十七条　建设单位、设计单位、施工单位、工程监理单位违反国家规定，降低工程质量标准，造成重大安全事故的，对直接责任人员，处五年以下有期徒刑或者拘役，并处罚金；后果特别严重的，处五年以上十年以下有期徒刑，并处罚金。

4） 《中华人民共和国民法典》

第一千二百四十三条 未经许可进入高度危险活动区域或者高度危险物存放区域受到损害，管理人能够证明已经采取足够安全措施并尽到充分警示义务的，可以减轻或者不承担责任。

第一千二百五十二条 建筑物、构筑物或者其他设施倒塌、塌陷造成他人损害的，由建设单位与施工单位承担连带责任，但是建设单位与施工单位能够证明不存在质量缺陷的除外。建设单位、施工单位赔偿后，有其他责任人的，有权向其他责任人追偿。

因所有人、管理人、使用人或者第三人的原因，建筑物、构筑物或者其他设施倒塌、塌陷造成他人损害的，由所有人、管理人、使用人或者第三人承担侵权责任。

第一千二百五十三条 建筑物、构筑物或者其他设施及搁置物、悬挂物发生脱落、坠落造成他人损害，所有人、管理人或者使用人不能证明自己没有过错的，应当承担侵权责任。所有人、管理人或者使用人赔偿后，有其他责任人的，有权向其他责任人追偿。

第一千二百五十六条 在公共道路上堆放、倾倒、遗撒妨碍通行的物品造成他人损害的，由行为人承担侵权责任。公共道路管理人不能证明已经尽到清理、防护、警示等义务的，应当承担相应的责任。

第一千二百五十八条 在公共场所或者道路上挖掘、修缮安装地下设施等造成他人损害，施工人不能证明已经设置明显标志和采取安全措施的，应当承担侵权责任。

窨井等地下设施造成他人损害，管理人不能证明尽到管理职责的，应当承担侵权责任。

1.2.2 法规层面主要规定

道路及设施安全管理在法规层面，主要涉及《道路交通安全法实施条例》《公路安全保护条例》《收费公路管理条例》《建设工程质量管理条例》《建设工程安全生产管理条例》等相关规定。

1） 《道路交通安全法实施条例》

第三十五条 道路养护施工单位在道路上进行养护、维修时，应当按照规定设置规范的安全警示标志和安全防护设施。道路养护施工作业车辆、机械应当安装示警灯，喷涂明显的标志图案，作业时应当开启示警灯和危险报警闪光灯。对未中断交通的施工作业道路，公安机关交通管理部门应当加强交通安全监督检查。发生交通阻塞时，及时做好分流、疏导，维护交通秩序。

道路施工需要车辆绕行的，施工单位应当在绕行处设置标志；不能绕行的，应当修建临时通道，保证车辆和行人通行。需要封闭道路中断交通时，除紧急情况外，应当提前5日向社会公告。

第三十六条　道路或者交通设施养护部门、管理部门应当在急弯、陡坡、临崖、临水等危险路段，按照国家标准设置警告标志和安全防护设施。

第三十七条　道路交通标志、标线不规范，机动车驾驶人容易发生辨认错误的，交通标志、标线的主管部门应当及时予以改善。

道路照明设施应当符合道路建设技术规范，保持照明功能完好。

第八十一条　机动车在高速公路上行驶，遇有雾、雨、雪、沙尘、冰雹等低能见度气象条件时，应当遵守下列规定：

（一）能见度小于200米时，开启雾灯、近光灯、示廓灯和前后位灯，车速不得超过每小时60公里，与同车道前车保持100米以上的距离；

（二）能见度小于100米时，开启雾灯、近光灯、示廓灯、前后位灯和危险报警闪光灯，车速不得超过每小时40公里，与同车道前车保持50米以上的距离；

（三）能见度小于50米时，开启雾灯、近光灯、示廓灯、前后位灯和危险报警闪光灯，车速不得超过每小时20公里，并从最近的出口尽快驶离高速公路。

遇有前款规定情形时，高速公路管理部门应当通过显示屏等方式发布速度限制、保持车距等提示信息。

2）《公路安全保护条例》

第三条　国务院交通运输主管部门主管全国公路保护工作。

县级以上地方人民政府交通运输主管部门主管本行政区域的公路保护工作；但是，县级以上地方人民政府交通运输主管部门对国道、省道的保护职责，由省、自治区、直辖市人民政府确定。

公路管理机构依照本条例的规定具体负责公路保护的监督管理工作。

第七条　县级以上各级人民政府交通运输主管部门应当依照《中华人民共和国突发事件应对法》的规定，制定地震、泥石流、雨雪冰冻灾害等损毁公路的突发事件应急预案，报本级人民政府批准后实施。

公路管理机构、公路经营企业应当根据交通运输主管部门制定的公路突发事件应急预案，组建应急队伍，并定期组织应急演练。

第九条 任何单位和个人不得破坏、损坏、非法占用或者非法利用公路、公路用地和公路附属设施。

第十条 公路管理机构应当建立健全公路管理档案，对公路、公路用地和公路附属设施调查核实、登记造册。

第二十七条 进行下列涉路施工活动，建设单位应当向公路管理机构提出申请：

（一）因修建铁路、机场、供电、水利、通信等建设工程需要占用、挖掘公路、公路用地或者使公路改线；

（二）跨越、穿越公路修建桥梁、渡槽或者架设、埋设管道、电缆等设施；

（三）在公路用地范围内架设、埋设管道、电缆等设施；

（四）利用公路桥梁、公路隧道、涵洞铺设电缆等设施；

（五）利用跨越公路的设施悬挂非公路标志；

（六）在公路上增设或者改造平面交叉道口；

（七）在公路建筑控制区内埋设管道、电缆等设施。

第二十八条 申请进行涉路施工活动的建设单位应当向公路管理机构提交下列材料：

（一）符合有关技术标准、规范要求的设计和施工方案；

（二）保障公路、公路附属设施质量和安全的技术评价报告；

（三）处置施工险情和意外事故的应急方案。

公路管理机构应当自受理申请之日起 20 日内作出许可或者不予许可的决定；影响交通安全的，应当征得公安机关交通管理部门的同意；涉及经营性公路的，应当征求公路经营企业的意见；不予许可的，公路管理机构应当书面通知申请人并说明理由。

第二十九条 建设单位应按照许可的设计和施工方案进行施工作业，并落实保障公路、公路附属设施质量和安全的保护措施。

涉路施工完毕，公路管理机构应当对公路、公路附属设施是否达到规定的技术标准以及施工是否符合保障公路、公路附属设施质量和安全的要求进行验收；

影响交通安全的，还应当经公安机关交通管理部门验收。

涉路工程设施的所有人、管理人应当加强维护和管理，确保工程设施不影响公路的完好、安全和畅通。

第三十三条 超过公路、公路桥梁、公路隧道限载、限高、限宽、限长标准的车辆，不得在公路、公路桥梁或者公路隧道行驶；超过汽车渡船限载、限高、限宽、限长标准的车辆，不得使用汽车渡船。

公路、公路桥梁、公路隧道限载、限高、限宽、限长标准调整的，公路管理机构、公路经营企业应当及时变更限载、限高、限宽、限长标志；需要绕行的，还应当标明绕行路线。

第四十二条 载运易燃、易爆、剧毒、放射性等危险物品的车辆，应当符合国家有关安全管理规定，并避免通过特大型公路桥梁或者特长公路隧道；确需通过特大型公路桥梁或者特长公路隧道的，负责审批易燃、易爆、剧毒、放射性等危险物品运输许可的机关应当提前将行驶时间、路线通知特大型公路桥梁或者特长公路隧道的管理单位，并对在特大型公路桥梁或者特长公路隧道行驶的车辆进行现场监管。

第四十四条 公路管理机构、公路经营企业应当加强公路养护，保证公路经常处于良好技术状态。

前款所称良好技术状态，是指公路自身的物理状态符合有关技术标准的要求，包括路面平整，路肩、边坡平顺，有关设施完好。

第四十五条 公路养护应当按照国务院交通运输主管部门规定的技术规范和操作规程实施作业。

第四十七条 公路管理机构、公路经营企业应当按照国务院交通运输主管部门的规定对公路进行巡查，并制作巡查记录；发现公路坍塌、坑槽、隆起等损毁的，应当及时设置警示标志，并采取措施修复。

公安机关交通管理部门发现公路坍塌、坑槽、隆起等损毁，危及交通安全的，应当及时采取措施，疏导交通，并通知公路管理机构或者公路经营企业。

其他人员发现公路坍塌、坑槽、隆起等损毁的，应当及时向公路管理机构、公安机关交通管理部门报告。

第四十八条 公路管理机构、公路经营企业应当定期对公路、公路桥梁、公路隧道进行检测和评定，保证其技术状态符合有关技术标准；对经检测发现不符合车辆通行安全要求的，应当进行维修，及时向社会公告，并通知公安机关交通管理部门。

第四十九条 公路管理机构、公路经营企业应当定期检查公路隧道的排水、通风、照明、监控、报警、消防、救助等设施，保持设施处于完好状态。

第五十条 公路管理机构应当统筹安排公路养护作业计划，避免集中进行公路养护作业造成交通堵塞。

在省、自治区、直辖市交界区域进行公路养护作业，可能造成交通堵塞的，有关公路管理机构、公安机关交通管理部门应当事先书面通报相邻的省、自治区、直辖市公路管理机构、公安机关交通管理部门，共同制定疏导预案，确定分流路线。

第五十一条 公路养护作业需要封闭公路的，或者占用半幅公路进行作业，作业路段长度在2公里以上，并且作业期限超过30日的，除紧急情况外，公路养护作业单位应当在作业开始之日前5日向社会公告，明确绕行路线，并在绕行处设置标志；不能绕行的，应当修建临时道路。

第五十二条 公路养护作业人员作业时，应当穿着统一的安全标志服。公路养护车辆、机械设备作业时，应当设置明显的作业标志，开启危险报警闪光灯。

第五十三条 发生公路突发事件影响通行的，公路管理机构、公路经营企业应当及时修复公路、恢复通行。设区的市级以上人民政府交通运输主管部门应当根据修复公路、恢复通行的需要，及时调集抢修力量，统筹安排有关作业计划，下达路网调度指令，配合有关部门组织绕行、分流。

设区的市级以上公路管理机构应当按照国务院交通运输主管部门的规定收集、汇总公路损毁、公路交通流量等信息，开展公路突发事件的监测、预报和预警工作，并利用多种方式及时向社会发布有关公路运行信息。

第五十六条 违反本条例的规定，有下列情形之一的，由公路管理机构责令限期拆除，可以处5万元以下的罚款。逾期不拆除的，由公路管理机构拆除，有关费用由违法行为人承担：

（一）在公路建筑控制区内修建、扩建建筑物、地面构筑物或者未经许可埋设管道、电缆等设施的；

（二）在公路建筑控制区外修建的建筑物、地面构筑物以及其他设施遮挡公路标志或者妨碍安全视距的。

3）《收费公路管理条例》

第二十六条　收费公路经营管理者应当按照国家规定的标准和规范，对收费公路及沿线设施进行日常检查、维护，保证收费公路处于良好的技术状态，为通行车辆及人员提供优质服务。

收费公路的养护应当严格按照工期施工、竣工，不得拖延工期，不得影响车辆安全通行。

第二十八条　收费公路经营管理者应当按照国家规定的标准，结合公路交通状况、沿线设施等情况，设置交通标志、标线。

交通标志、标线必须清晰、准确、易于识别。重要的通行信息应当重复提示。

第三十一条　遇有公路损坏、施工或者发生交通事故等影响车辆正常安全行驶的情形时，收费公路经营管理者应当在现场设置安全防护设施，并在收费公路出入口进行限速、警示提示，或者利用收费公路沿线可变信息板等设施予以公告；造成交通堵塞时，应当及时报告有关部门并协助疏导交通。

遇有公路严重损毁、恶劣气象条件或者重大交通事故等严重影响车辆安全通行的情形时，公安机关应当根据情况，依法采取限速通行、关闭公路等交通管制措施。收费公路经营管理者应当积极配合公安机关，及时将有关交通管制的信息向通行车辆进行提示。

第三十四条　在收费公路上行驶的车辆不得超载。

发现车辆超载时，收费公路经营管理者应当及时报告公安机关，由公安机关依法予以处理。

4）《建设工程质量管理条例》

第三条　建设单位、勘察单位、设计单位、施工单位、工程监理单位依法对建设工程质量负责。

第四条　县级以上人民政府建设行政主管部门和其他有关部门应当加强对建设工程质量的监督管理。

第十六条　建设单位收到建设工程竣工报告后，应当组织设计、施工、工程监理等有关单位进行竣工验收。

建设工程竣工验收应当具备系列条件：

（一）完成建设工程设计和合同约定的各项内容；

（二）有完整的技术档案和施工管理资料；

（三）有工程使用的主要建筑材料、建筑构配件和设备的进场报告；

（四）有勘察、设计、施工、工程监理等单位分别签署的质量合格文件；

（五）有施工单位签署的工程保修书。

建设工程经验收合格的，方可交付使用。

第三十六条　工程监理单位应当依照法律、法规以及有关技术标准、设计文件和建设工程承包合同，代表建设单位对施工质量实施监理。

第四十四条　国务院建设行政主管部门和国务院铁路、交通、水利等有关部门应当加强对有关建设工程质量的法律、法规和强制性标准执行情况的监督检查。

5）《建设工程安全生产管理条例》

第五十七条　违反本条例的规定，工程监理单位有下列行为之一的，责令限期改正；逾期未改正的，责令停业整顿，并处 10 万元以上 30 万元以下的罚款；情节严重的，降低资质等级，直至吊销资质证书；造成重大安全事故，构成犯罪的，对直接责任人员，依照刑法有关规定追究刑事责任；造成损失的，依法承担赔偿责任：

（一）未对施工组织设计中的安全技术措施或者专项施工方案进行审查的；

（二）发现安全事故隐患未及时要求施工单位整改或者暂时停止施工的；

（三）施工单位拒不整改或者不停止施工，未及时向有关主管部门报告的；

（四）未依照法律、法规和工程建设强制性标准实施监理的。

1.2.3　规范性文件层面主要规定

道路及设施安全管理在规范性文件层面，主要涉及《国务院关于加强道路交通安全工作的意见》（国发〔2012〕30 号）、《最高人民法院关于审理道路交通事故损害赔偿案件适用法律若干问题的解释》《最高人民法院关于审理人身损害赔偿案件适用法律若干问题的解释》等相关文件。

1）《国务院关于加强道路交通安全工作的意见》（国发〔2012〕30 号）

（十三）完善道路交通安全设施标准和制度。加快修订完善公路安全设施设计、施工、安全性评价等技术规范和行业标准，科学设置安全防护设施。鼓励地方在国家和行业标准的基础上，进一步提高本地区公路安全设施建设标准。严格落实交通安全设施与道路建设主体工程同时设计、同时施工、同时投入使用的"三同时"制度，新建、改建、扩建道路工程在竣（交）工验收时要吸收公安、安全监管等部门人员参加，严格安全评价，交通安全设施验收不合格的不得通车运行。对因交通安全设施缺失导致重大事故的，要限期进行整改，整改到位前暂停该区域新建道路项目的审批。

（十四）加强道路交通安全设施建设。地方各级人民政府要结合实际科学规划，有计划、分步骤地逐年增加和改善道路交通安全设施。在保证国省干线公路网等项目建设资金的基础上，加大车辆购置税等资金对公路安保工程的投入力度，进一步加强国省干线公路安全防护设施建设，特别是临水临崖、连续下坡、急弯陡坡等事故易发路段要严格按标准安装隔离栅、防护栏、防撞墙等安全设施，设置标志标线。加强公路与铁路、河道、码头连接交叉路段特别是公铁立交、跨航道桥梁的安全保护。收费公路经营企业要加强公路养护管理，对安全设施缺失、损毁的，要及时予以完善和修复，确保公路及其附属设施始终处于良好的技术状况。要积极推进公路灾害性天气预报和预警系统建设，提高对暴雨、浓雾、团雾、冰雪等恶劣天气的防范应对能力。

（十五）深入开展隐患排查治理。地方各级人民政府要建立完善道路交通安全隐患排查治理制度，落实治理措施和治理资金，根据隐患严重程度，实施省、市、县三级人民政府挂牌督办整改，对隐患整改不落实的，要追究有关负责人的责任。有关部门要强化交通事故统计分析，排查确定事故多发点段和存在安全隐患路段，全面梳理桥涵隧道、客货运场站等风险点，设立管理台账，明确治理责任单位和时限，强化对整治情况的全过程监督。切实加强公路两侧农作物秸秆禁烧监管，严防焚烧烟雾影响交通安全。

（十六）强化农村道路交通安全基础。深入开展"平安畅通县市"和"平安农机"创建活动，改善农村道路交通安全环境。严格落实县级人民政府农村公路建设养护管理主体责任，制定改善农村道路交通安全状况的计划，落实资金，加大建设和养护力度。新建、改建农村公路要根据需要同步建设安全设施，已建成的农村公路要按照"安全、有效、经济、实用"的原则，逐步完善安全设施。地方各级人民政府要统筹城乡公共交通发展，以城市公交同等优惠条件扶持发展农村公共交通，拓展延伸农村地区客运的覆盖范围，着力解决农村群众安全出行问题。

2）《最高人民法院关于审理道路交通事故损害赔偿案件适用法律若干问题的解释》

第七条　因道路管理维护缺陷导致机动车发生交通事故造成损害，当事人请求道路管理者承担相应赔偿责任的，人民法院应予支持。但道路管理者能够证明已经依照法律、法规、规章的规定，或者按照国家标准、行业标准、地方标准的要求尽到安全防护、警示等管理维护义务的除外。

依法不得进入高速公路的车辆、行人，进入高速公路发生交通事故造成自身损害，当事人请求高速公路管理者承担赔偿责任的，适用民法典第一千二百四十三条的规定。

第八条 未按照法律、法规、规章或者国家标准、行业标准、地方标准的强制性规定设计、施工，致使道路存在缺陷并造成交通事故，当事人请求建设单位与施工单位承担相应赔偿责任的，人民法院应予支持。

3）《最高人民法院关于审理人身损害赔偿案件适用法律若干问题的解释》

第十六条 下列情形，适用民法通则第一百二十六条的规定，由所有人或者管理人承担赔偿责任，但能够证明自己没有过错的除外：

（一）道路、桥梁、隧道等人工建造的构筑物因维护、管理瑕疵致人损害的；

（二）堆放物品滚落、滑落或者堆放物倒塌致人损害的；

（三）树木倾倒、折断或者果实坠落致人损害的。

前款第（一）项情形，因设计、施工缺陷造成损害的，由所有人、管理人与设计、施工者承担连带责任。

第 2 章

CHAPTER 2

影响交通安全的
道路及设施因素

道路及设施安全问题的分析排查是改善道路通行条件、优化道路交通秩序，预防和减少交通事故的重要前提。本章从道路及设施管理的视角，阐述道路条件、交通设施对交通安全的影响，剖析"十三五"期间（2016—2020 年）道路交通事故中涉及的道路条件和交通设施问题。

2.1 道路及设施因素对交通安全的影响

道路及设施因素诱发的交通事故是由道路缺陷导致的。按缺陷识别的难易程度划分，道路缺陷可分为显性缺陷与隐性缺陷。道路显性缺陷，如道路两侧缺少护栏、护栏不全、路肩状况不良、道路及道路构造物损坏后失修、路面光滑等，能够直观地观察出来。而道路隐性缺陷，如长直线路段、不良的平曲线与竖曲线组合等，则不能很直观地观察出来。

2.1.1 道路条件对交通安全的影响

1）道路条件与交通安全的关系

从交通事故的发生过程及结果看，除完全由驾驶人粗心驾驶造成的交通事故以外，相当一部分道路交通事故并非驾驶人的失误和操作错误所致，主要是由困难的行驶条件所引起，而困难的行驶条件又与道路规划、道路设计等道路因素密切相关。道路本身的技术等级、设施条件及交通环境作为构成道路交通的基本要素，它们对交通安全的影响是不容忽视的，在某些情况下，它们可能成为导致交通事故发生的主要原因。汽车的安全行驶实际上是人（驾驶人与行人）、车、路等要素和谐统一的结果。在道路交通系统中，驾驶人虽是影响道路交通安全最活跃的因素，但就驾驶过程而言，驾驶人的任何主动行为都时刻受到车辆、道路因素的作用与约束。汽车行驶的实际过程表明：当车辆因素不变时，道路因素对驾驶人在驾车过程中的安全行驶具有重要作用，不良的道路条件很容易诱发道路交通事故。

从道路设计来看，许多道路的线形、视距、车道宽度、转弯半径、超高等都不符合规定，而且存在路基松软、坡度过大、视线不良等状况。这些都从客观上增加了道路交通事故的发生率。低等级公路无中央分隔带，对撞交通事故的几率是有分隔带公路的4倍；二、三级公路交叉口事故较多，与横向交通流的干扰有直接关系；雨天或潮湿状态下，事故率偏高，主要因为路面摩擦系数下降；下坡或转弯时事故偏多，主要由于坡度过大或横向视距不足等；在道路条件差的地区，事故发生率明显高于道路条件好的地区。

2）道路因素的影响比率

良好的道路条件有助于降低道路交通事故的发生率，而不良的道路条件对诱发道路交通事故也有相应的影响作用。

法国国家保险公司对1064起道路交通事故进行深度调查后认为：一些通常被视为因驾驶人的失误与操作错误导致的交通事故背后隐含着一定比例的道路因素。在认定的因驾驶人不良生理状态（如疲劳、生病、酗酒等）引起的交通事故中，由不利的道路条件促使事故发生的占40%；在认定的因驾驶人操作失误（如不正确的超车、变道等）引起的交通事故中，由不利的道路条件促使事故发生的占41%；在认定的因驾驶人的判断失误（如行驶速度、制动距离判断不准确等）引起的交通事故中，由不利的道路条件促使事故发生的占34%。

3）影响交通安全的主要道路因素

（1）路面状况

路面类型（主要分沥青路面和水泥混凝土路面）、抗滑性能、平整度等对交通安全的影响大。具有足够强度的路面，在行车和自然因素的作用下、在温度和湿度的影响下，不会产生过多的磨损、压碎及变形，同时还要保证一定限度内的抗滑能力和平整性，这样才能为安全行车创造有利条件。

（2）横断面构成

车道数、车道宽度、路肩宽度、分隔带对交通安全的影响较大。车道数越多，通行能力越大，行车越畅通安全。一般而言，事故率随车道数的增加而降低，双车道"一块板"形式道路的事故率最高，当车道数为4车道时，增加中央分隔带分离对向车流，事故率明显降低。

车道的宽度应根据设计速度、交通组成等情况来确定。我国规定大型车道为3.75m，小型车道为3.5m（公共汽车停靠站或路口渠化段车道宽度可分别为3～

3.2m）。但如果车道过宽，例如大于4.5m，则由于有些车辆试图利用富余的宽度超车，反而会增加事故。施划有车行道标线的道路，由于规定车辆各行其道，其事故率相对较低。

路肩加宽或有中央分隔带的道路事故率相对较低。但在道路两旁设有护栏却无中央分隔带时，驾驶人怕与护栏相撞，更倾向于靠道路中心线一侧行驶，有时可引起与对向来车相撞。当车道横断面宽度或形式发生变化时，应选择宽度适宜的断面形式。单车道道路必须考虑留有错车道、人行道；在城郊接合部，还应考虑快、慢车分流及机动车和非机动车、行人分道行驶。

（3）道路线形

平面线形、纵面线形及平纵线形组合对交通安全影响较大。在道路线形设计时，应该合理安排曲线的半径和转角，通过弯道超高、弯道加宽等办法防止出现横向滑移或翻车的现象。同时保障足够的视距，以便及时观察前方路况、及时采取措施。

（4）道路交叉口

交叉口位置、间距、交叉角度、形式、交通岛等对交通安全的影响较大。汇集在交叉路口的机动车、非机动车以及行人运行方向各不相同，所以交叉口处存在着大量干扰与冲突。在设计时应尽量避免四枝以上的交叉路口，采用交通信号控制交叉交通流的运行，采用分离车道和隔离式道路为左右转弯车辆提供行驶空间，减少车辆在交叉路口区域的冲突。交通岛应根据运行速度、横断面布置以及交叉角度，对岛端圆弧半径、渐变参数以及路缘石类型等进行设计。

2.1.2　交通设施对交通安全的影响

1）交通设施与交通安全的关系

交通设施属于道路最基础的设施之一，主要由标志标线（交通标志、交通标线）、防护设施（护栏、防撞垫）、减速设施（减速标志、测速设备）、诱导设施（视线诱导、轮廓标）、避险车道（位置、长度、角度、填料）等组成。我国早期修建的公路配备了一定的交通设施，但在数量、效能、规范等方面难以满足交通安全运行的实际需求。近年来修建、改建的高等级公路，交通设施更加齐全、规范、先进，对保障交通安全、提高运输效益、加速我国交通现代化起到了良好作用。

交通设施通过主动引导、被动防护、隔离封闭等，可有效减少交通系统中各种纵横向干扰、提高道路管理和服务水平、提供道路各类视线诱导、改善行车环境和道路景观等，对于减少交通事故频率、减轻交通事故危害具有重要作用。

2）影响交通安全的主要设施因素

交通标志和标线、隔离防护设施、减速设施是影响交通安全的主要设施。完善合理的标志、标线设置可为驾驶人提供充足的交通信息，从而提高行车安全水平和舒适性。交通标线对交通渠化、分道行驶及交通流诱导起着重要作用，交通标志向驾驶人传递引导、限制、警告和指示等信息。隔离防护设施的安装位置、防护能力等，对于防止车辆冲出、减轻碰撞伤害有直接作用。

（1）交通标志

道路上设置的交通标志主要包括：警告标志（如交叉路口标志、急弯路标志、陡坡标志、注意行人标志、村庄标志、隧道标志、注意危险标志等），禁令标志（如停车让行标志、减速让行标志、禁止通行标志、禁止超车标志、限制速度标志、限制质量标志、限制高度标志等），指示标志（如转弯标志、环岛行驶标志、单行路标志、人行横道标志、停车位标志等），指路标志（如交叉口标志、地名标志、出口预告标志、车距确认标志、服务区标志等）。另外，还有旅游区标志、作业区标志、辅助标志、告示标志等。

（2）交通标线

道路上施划的标线主要包括：指示标线（如可跨越车行道分界线、车行道边缘线、路口导向线、人行横道线、导向箭头、路面文字标记等），禁止标线（如禁止跨越车行道分界线、禁止停车线、停止线、让行线、网状线、车种专用车道线等），警告标线（如宽度渐变段标线、铁路平交道口标线、立面标记、实体标记等）。此外，还有突起路标、轮廓标等。

（3）隔离防护设施

隔离防护设施主要包括防撞护栏、防撞垫、防撞桶、隔离栏、隔离墩等，其中防撞护栏对于公路交通安全的影响最为突出。防撞护栏按位置和用途，可分为中央分隔带护栏和路侧护栏两类。中央分隔带护栏设置于道路中央分隔带内，防止失控车辆穿越中央分隔带闯入对向车道，并保护中央分隔带内的构造物；路侧护栏设置于公路路肩或车行道边缘，目的是防止失控车辆冲出路外，避免碰撞路边其他设施。

(4) 减速设施

减速设施主要包括限速标志、减速标线、减速带（或减速垄、减速丘）、测速设备等。减速带能将车辆在通过减速带时车速控制为 5~15km/h，减速带在一定程度上减少了平面交叉口的交通事故。

2.2 道路及设施因素安全影响分析

"十三五"期间（2016—2020 年），全国公路（包括高速公路、普通国省道和农村道路）共发生造成人员伤亡交通事故 61.2 万起，造成 21.6 万人死亡、66.5 万人受伤；事故起数、死亡人数、受伤人数分别占同期全国总量的 50.6%、64.7% 和 52.9%。平均每年发生事故 12.2 万起，造成 4.3 万人死亡、13.3 万人受伤。

"十三五"期间，全国公路共发生一次死亡 3 人以上较大事故 2727 起，其中发生一次死亡 5 人以上较大事故 399 起；发生一次死亡 10 人以上重特大事故 25 起，分别占全国同类事故总数的 82.2%、89.5% 和 92.6%。

2.2.1 道路条件方面

1）高架、匝道口、桥梁死亡率高

从路口路段类型看，路段事故死亡人数占总数的 84.8%，交叉口事故死亡人数占 15.2%。其中，交叉口事故死亡人数占比呈逐年上升趋势，由 2016 年的 13.8% 上升至 2020 年的 16.8%。从公路行政等级看，农村道路交叉口路段事故死亡占比最高，为 17.6%，高于公路平均水平 2.4%；其次是普通国省道、高速公路，占比分别为 14.6%、11.5%。

普通路段事故死亡最多，占全部路口路段死亡总数的 79.4%，事故死亡率为 0.363。此外，高架、桥梁、路侧险要路段死亡风险突出，事故死亡率（死亡人数/事故起数）分别为 0.634、0.496、0.477，远高于全部道路事故死亡率（0.354），见图 2-1。交叉口事故中，四枝、三枝、多枝交叉口事故死亡占全部路口路段死亡

总数的比重分别为 6.1%、5.9%、1.5%。匝道口事故死亡率最高，为 0.526；环形交叉口较低，为 0.256，见图 2-1。无信号控制路口死亡人数占交叉口事故死亡总数的 86.2%。

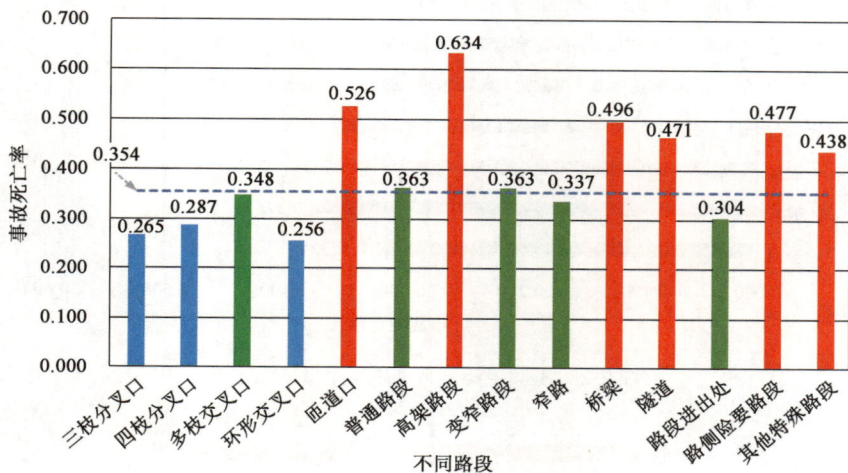

图 2-1　不同路口路段事故死亡率分布

2）弯坡路段事故风险突出

从道路线形来看，平直路段事故死亡人数占总数的 66.4%，弯、坡组合等非平直路段死亡人数占总数的 33.6%。其中，弯、坡路段死亡比重呈逐年下降趋势，死亡占比由 2016 年的 34.7% 降至 2020 年的 32.7%。结合公路行政等级看，农村道路弯坡路段死亡占比最高，为 35.0%，高于公路平均水平 1.4 个百分点；其次是普通国省道、高速公路，占比分别 35.0%、21.8%。不同弯、坡路段类型事故死亡率均高于平直路段，其中连续下坡、陡坡、急弯陡坡路段事故死亡率最高，分别为 0.522、0.515、0.451，见图 2-2。

从 3 人以上较大事故情况看，非平直型路段事故起数占比为 41.7%。弯坡路段单车事故风险突出，占 3 人以上事故总数的 36.6%；其中坠车、侧翻、滚翻事故最多，共发生 322 起，占单车事故总数的 77.2%。弯坡路段 3 人事故单车事故形态分布见图 2-3。

3）不良路表路段事故致死率高

从道路路表情况看，除干燥道路外，潮湿、冰雪、积水路段事故死亡人数较多，合计占死亡总数的 15.2%。不同路表情况道路事故死亡率均高于干燥道路（0.349），其中泥泞、冰雪道路事故死亡率最高，分别为 0.461、0.445，见图 2-4。

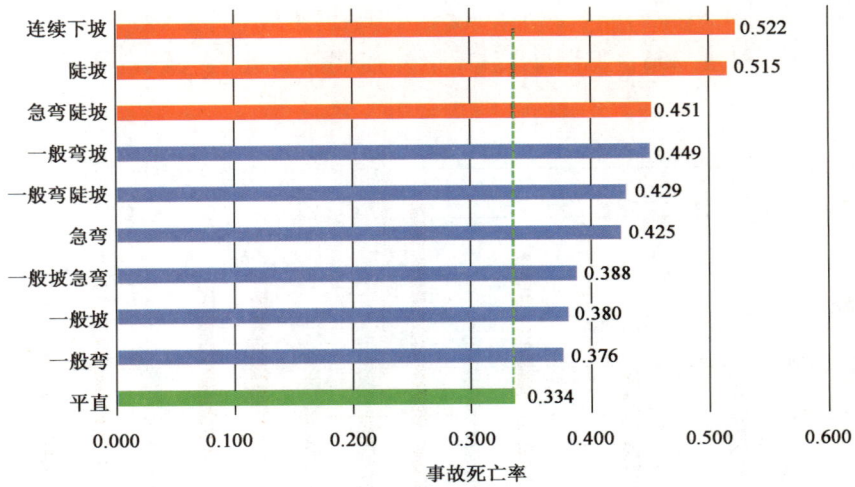

图 2-2　不同道路线形事故死亡率分布

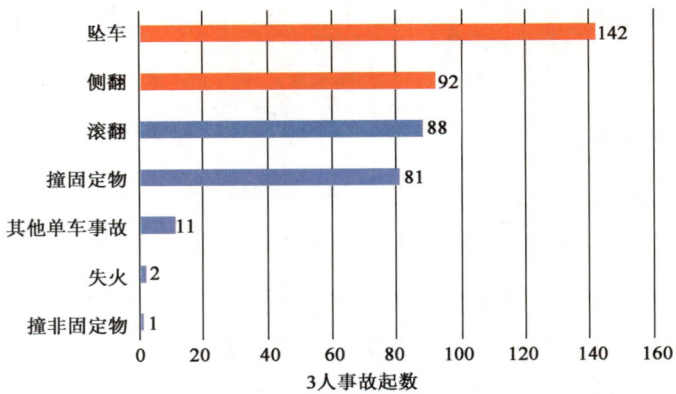

图 2-3　弯坡路段 3 人事故单车事故形态分布

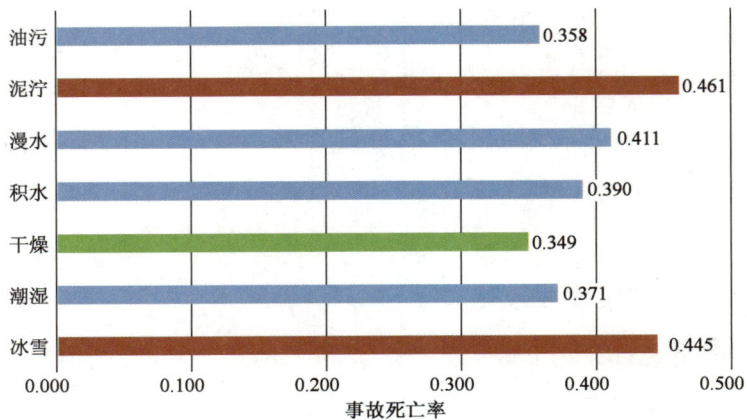

图 2-4　不同路表情况事故死亡率分布

从道路路面结构看，沥青路面事故死亡人数占总数的 73.6%，此外，水泥、沙石、土路路面死亡占比分别为 23.6%、1.5%、0.5%。土路、沙石路面事故死亡率最高，分别为 0.493、0.457，见图 2-5。从 3 人事故情况看，沙石和土路路面事故起数合计占比为 2.8%，事故形态主要为坠车、滚翻和侧翻，且多发生于西南地区，该类型事故占比高达 74.2%。

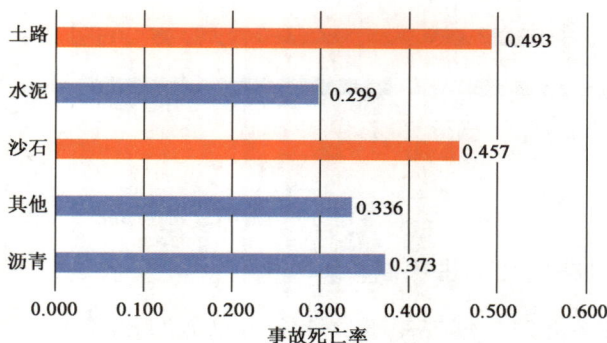

图 2-5　不同路面结构事故死亡率分布

2.2.2　交通设施方面

1）无防护设施路段翻坠车事故风险突出

从路侧防护设施设置情况看，无路侧防护设施路段事故死亡人数占总数的 54.9%，有路侧防护设施路段事故死亡占 45.1%。其中，农村道路无路侧防护设施死亡占比为 72.5%，高于全部公路平均水平 17.6 个百分点。不同防护设施类型中，采用防护墩柱路段效果较好，事故死亡率仅为 0.191，低于平均水平 50.1%，见图 2-6。从 3 人事故情况看，44.7% 的事故发生在路侧无防护设施的道路上，其中 35.8% 的事故为翻坠车单车事故。

2）无隔离设施路段迎面碰撞事故多发

从事故路段的隔离设施看，无隔离路段事故死亡人数占总数的 72.8%，有隔离路段事故中，仅中央隔离、中央隔离加机非隔离、机非隔离路段事故死亡占比分别为 23.8%、1.8%、1.6%。从较大事故情况看，无隔离设施路段事故占比高达 64.9%。普通国省道较大事故中，事故形态为车辆间迎面碰撞（正面碰撞、对向侧碰）的事故多发，其中 92.9% 的事故发生于无隔离设施路段。

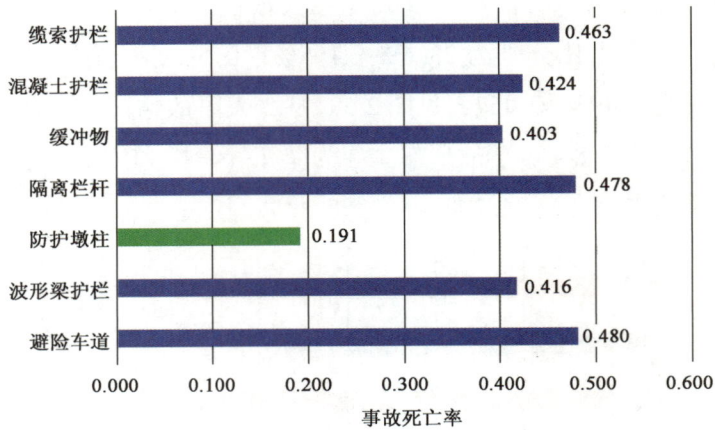

图2-6　不同路侧防护设施事故死亡率高

3）无信号灯路口死亡占比高

交叉口事故中，无信号灯控制事故死亡占总数的86.2%，但近五年死亡人数占比呈波动下降趋势，由2016年的87.3%小幅下降至2020年的85.5%。在3人事故中，无信号灯控制路口事故起数占总数的92.0%；5人事故占比为93.2%；10人事故则为100%。随着事故严重程度的增加，无信号控制路口事故占比也呈上升趋势。有无信号灯路口在不同严重程度事故中占比情况见图2-7。

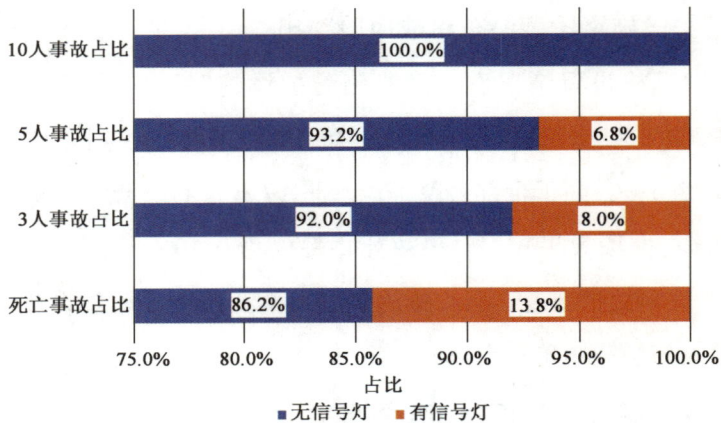

图2-7　有无信号灯路口在不同严重程度事故中占比情况

第 3 章

CHAPTER 3

道路安全隐患
排查与判别方法

道路交通运行过程中，由于人、车、路等因素的影响，产生各种不安全因素，如果不能及时发现、消除，会影响正常的交通运行或引发交通事故。道路安全隐患排查内容是否全面，方式方法是否得当，治理对策是否科学等问题，值得深刻反思。本章立足于工作实践，阐述道路安全隐患排查的流程、方法和内容等，以期为道路安全隐患排查工作提供指导。

3.1 道路安全隐患排查流程

开展道路安全隐患排查治理工作，首先要收集待排查道路的技术指标、交通事故、交通违法、交通流量数据等基础资料，对基础资料进行处理分析。其次要结合数据处理分析结果进行实地踏勘，梳理待排查道路存在的交通安全问题。最后要针对存在的交通安全问题提出治理对策，并适时进行改善效果评价。

道路安全隐患排查治理流程见图 3-1。

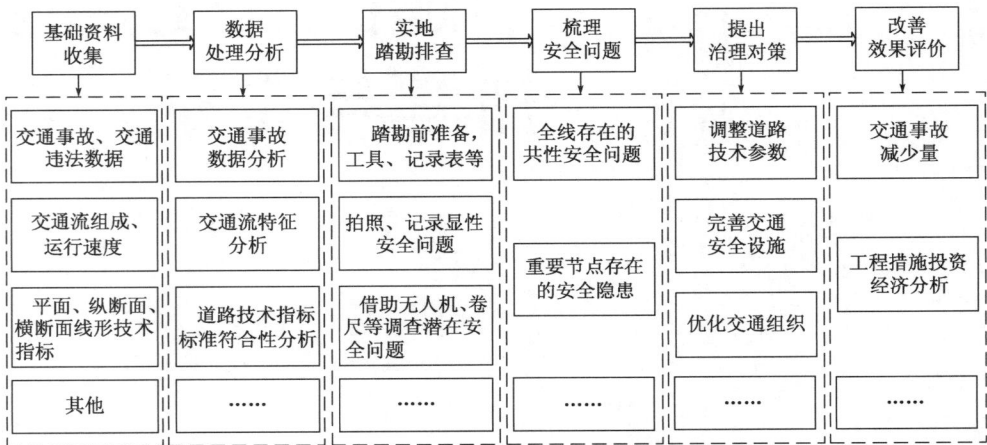

图 3-1　道路安全隐患排查治理流程

3.1.1　基础资料收集

采集待排查道路的技术指标数据、交通事故数据、交通违法数据、交通状况数据、交通安全设施及附属设施等相关资料。

1） **道路技术指标数据**

采集待排查道路技术指标数据，主要包括道路设计速度、车道宽度、车道数、平曲线半径、纵坡坡度、纵坡坡长、超高加宽值等设计参数。

2） **交通事故数据**

采集待排查道路近 3 年的交通事故数据（含伤亡交通事故、财损交通事故），包括事故时间、事故地点、死亡人数、受伤人数、公里数、米数、事故原因、事故形态、交通方式、车辆类型等信息。

3） **交通违法数据**

采集待排查道路近 3 年的交通违法数据，包括机动车多发违法行为、车型、违法地点，非机动车多发违法行为、违法地点，行人多发违法行为、违法地点等信息。

4） **交通状况数据**

采集待排查道路的运行状况数据，包括日均24 小时交通流量、车辆类型构成、平均运行速度等信息，有条件的可对主要车型运行速度进行采集。

5） **交通安全设施和附属设施**

采集待排查道路的交通标志、交通标线、防护设施、监控设施等设置情况。

3.1.2 数据处理分析

依据待排查道路的交通事故数据、交通违法数据、交通状况数据等，分析交通事故分布特征、交通违法行为特征和交通流运行特征，查找交通事故成因，分析事故原因与道路技术指标的关联性，确定与道路相关的重点调查内容、重点排查路段。

3.1.3 改善效果评价

通过比较交通安全隐患路段改善前后的关键指标的变化情况，包括交通事故起数、交通违法量、交通拥堵指数等，分析改善措施的实施效果。

3.2 道路安全隐患排查方法

3.2.1 排查方式

道路事故多发路段排查由县级以上公安机关交通管理部门组织开展，事故处理及预防、秩序管理、交通设施等相关人员参加。可以根据需要，会同当地交通运输、应急管理等部门联合开展排查工作，或聘请专业机构（人员）参与排查工作，形成消除隐患的综合对策建议。

3.2.2 排查思路

从道路交通要素特征入手，基于道路的设计指标、沿线交通设施设置情况、交通流运行特征及交通事故数据等，将"事故指标"与"道路指标"结合起来，分析影响交通安全的潜在因素。其中，事故指标是排查的前提和基础，道路指标是排查的确认手段。通过分析待排查道路事故多发的原因、事故特征及分布特点等，确定交通事故易发原因和多发点段。

结合事故易发原因，排查道路全线在横断面设置、接入口、交通标志标线、中央隔离设施、路侧防护设施、交通组织方式等方面存在的共性交通安全问题。

结合事故多发点段，排查典型路段是否存在线形技术指标低于标准要求、交通安全设施缺失或设置不规范、交通组织不合理等突出问题。

3.3 道路安全隐患问题判别

道路安全隐患判别主要涵盖道路线形、交通设施两方面内容，涉及三个层面：一是道路线形、交通设施的主要技术指标是否符合建设期标准的要求；二是道路及交通设施的管理是否符合法律、法规、部门规章和相关规范性文件的要求；三是运用道路及交通设施的相关理论和方法，结合交通工程、车辆工程、痕迹物证、力学和运动学等技术，对道路、交通设施及安全管理问题与事故的因果关系进行深度分析和判断。

3.3.1　道路及设施相关数据采集

道路、交通设施及安全管理相关数据采集主要包括设计资料分析、现场数据测量、现场检测三个方面。

1）　设计资料分析

设计资料分析主要通过审阅道路、交通设施的设计文件，复核道路圆曲线半径、纵坡坡长、纵坡坡度等技术参数以及交通标志、标线、护栏、交通信号灯等设施设置是否符合建设期标准的要求。

2）　现场数据测量

现场数据测量主要使用卷尺、坡度尺、游标卡尺、测距仪、涂层测厚仪等常规测量工具，并辅以无人机航测、立柱埋深检测仪、现场三维扫描仪等技术装备测量道路及交通设施的主要参数。

以坡度的现场数据测量为例，采用坡度仪、坡度尺等测量工具测量道路的坡度值。道路技术指标简易测量方法，见附录 A。

交通设施以护栏的现场数据测量为例，护栏的现场数据测量主要涉及护栏的横梁中心高度、立柱埋深、立柱间距、立柱直径和壁厚、护栏板厚度等信息。常用交通设施安全隐患简易排查方法，见附录 B。

3）　现场检测

现场检测主要依托路面横向力系数测试车、动态旋转摩擦系数测试仪、无人机航测、路面线形检测车、道路三维移动测试车等装备，获得道路参数的主要信息。

以路面和线形的现场检测为例，路面的现场检测主要涉及路面构造深度、路面横向力系数、路面平整度、路面车辙等技术指标。线形现场检测主要涉及圆曲线半径、坡长、坡度、超高等技术指标。

3.3.2 道路及设施标准符合性分析

判断道路平面线形、纵断面线形、横断面设置等道路技术指标，以及交通标志、标线、护栏、视线诱导设施、交通信号灯、视频监控等交通设施的主要技术指标是否符合建设期标准的要求。

1）主要标准和规范性文件

道路安全隐患排查涉及道路、交通设施的常用标准和规范性文件见表3-1。

涉及道路、交通设施的常用标准和规范性文件 表3-1

序号	类　别	标准和规范性文件	标准编号或发布时间
1	国家标准	道路交通信号灯设置与安装规范	GB 14886—2016
2		道路交通信号灯	GB 14887—2011
3		道路交通信号控制机	GB 25280—2016
4		城市道路交叉口规划规范	GB 50647—2011
5		城市道路交通设施设计规范	GB 50688—2011
6		城市道路工程技术规范	GB 51286—2018
7		道路交通标志和标线　第1部分：总则	GB 5768.1—2009
8		道路交通标志和标线　第2部分：道路交通标志	GB 5768.2—2022
9		道路交通标志和标线　第3部分：道路交通标线	GB 5768.3—2009
10		道路交通标志和标线　第4部分：作业区	GB 5768.4—2017
11		道路交通标志和标线　第5部分：限制速度	GB 5768.5—2017
12		道路交通标志和标线　第6部分：铁路道口	GB 5768.6—2017
13		道路交通标志和标线　第7部分：非机动车和行人	GB 5768.7—2018
14		道路交通标志和标线　第8部分：学校区域	GB 5768.8—2018
15		道路交通标线质量要求和检测方法	GB/T 16311—2009
16		道路交通反光膜	GB/T 18833—2012
17		道路交通标志板及支撑件	GB/T 23827—2021
18		防眩板	GB/T 24718—2009
19		交通锥	GB/T 24720—2009
20		突起路标	GB/T 24725—2009
21		交通警示灯　第1部分：通则	GB/T 24965.1—2010
22		交通警示灯　第2部分：黄色闪烁警示灯	GB/T 24965.2—2010
23		交通警示灯　第3部分：雾灯	GB/T 24965.3—2010
24		交通警示灯　第4部分：临时安全警示灯	GB/T 24965.4—2010
25		公路照明技术条件	GB/T 24969—2010

续上表

序号	类　别	标准和规范性文件	标准编号或发布时间
26	国家标准	轮廓标	GB/T 24970—2020
27		弹性橡胶柱	GB/T 24972—2010
28		公路防撞桶	GB/T 28650—2012
29		公路临时性交通标志	GB/T 28651—2012
30		波形梁钢护栏　第1部分：两波形梁钢护栏	GB/T 31439.1—2015
31		波形梁钢护栏　第2部分：三波形梁钢护栏	GB/T 31439.2—2015
32		城郊干道交通安全评价指南	GB/T 37458—2019
33		乡村道路工程技术规范	GB/T 51224—2017
34		城市步行和自行车交通系统规划标准	GB/T 51439—2021
35	行业标准	城市道路工程设计规范	CJJ 37—2012
36		城市快速路设计规程	CJJ 129—2009
37		城市道路交叉口设计规程	CJJ 152—2010
38		城市道路路线设计规范	CJJ 193—2012
39		道路交通危险警示灯	GA/T 414—2018
40		LED道路交通诱导可变信息标志	GA/T 484—2018
41		公交专用车道设置	GA/T 507—2004
42		道路交通信号倒计时显示器	GA/T 508—2014
43		闪光警告信号灯	GA/T 743—2016
44		城市道路施工作业交通组织规范	GA/T 900—2010
45		道路交叉口发光警示柱	GA/T 1246—2015
46		道路交通安全设施基础信息采集规范	GA/T 1495—2018
47		城市道路主动发光交通标志设置指南	GA/T 1548—2019
48		公路工程技术标准	JTG B01—2014
49		公路项目安全性评价规范	JTG B05—2015
50		公路护栏安全性能评价标准	JTG B05-01—2013
51		公路路线设计规范	JTG D20—2017
52		公路路基设计规范	JTG D30—2015
53		公路桥涵设计通用规范	JTG D60—2015
54		公路隧道设计规范　第二册　交通工程与附属设施	JTG D70/2—2014
55		公路交通安全设施设计规范　第一册　土建工程	JTG D81—2017
56		公路工程质量检验评定标准	JTG F80/1—2017
57		公路桥涵养护规范	JTG 5120—2021
58		公路隧道养护技术规范	JTG H12—2015
59		公路养护安全作业规程	JTG H30—2015
60		小交通量农村公路工程技术标准	JTG 2111—2019

续上表

序号	类　别	标准和规范性文件	标准编号或发布时间
61	行业标准	城镇化地区公路工程技术标准	JTG 2112—2021
62		公路沥青路面养护技术规范	JTG 5142—2019
63		公路技术状况评定标准	JTG 5210—2018
64		公路排水设计规范	JTG/T D33—2012
65		公路交通安全设施设计细则	JTG/T D81—2017
66		公路限速标志设计规范	JTG/T 3381-02—2020
67		公路交通安全设施质量检验抽样方法	JT/T 495—2014
68		路面橡胶减速带	JT/T 713—2008
69		缆索护栏	JT/T 895—2014
70		交通分隔栏	JT/T 1033—2016
71	规范性文件	国务院关于加强道路交通安全工作的意见（国发〔2012〕30号）	2012 年
72		国务院办公厅关于实施公路安全生命防护工程的意见（国办发〔2014〕55号）	2014 年
73		公路安全生命防护工程实施技术指南（试行）	2015 年
74		公路交通事故多发点段及严重安全隐患排查工作规范（试行）	2019 年
75		国省道交通安全文明示范路创建活动方案	2020 年
76		公路安全设施和交通秩序管理精细化提升行动方案	2022 年

2）关键技术指标

（1）以公路车道宽度、路面抗滑性能、横向力系数为例，进行道路技术指标规范性符合分析。

公路车道宽度指标见表3-2。

公　路　车　道　宽　度　　表3-2

设计速度（km/h）	120	100	80	60	40	30	20
车道宽度（m）	3.75	3.75	3.75	3.50	3.50	3.25	3.00

路面抗滑性能指标见表3-3。

路　面　抗　滑　性　能　　表3-3

年平均降雨量（mm）	交工检测指标值	
	横向力系数 SFC_{60}	构造深度 TD（mm）
>1000	≥54	≥0.55
500~1000	≥50	≥0.50
250~500	≥45	≥0.45

注：横向力系数 SFC_{60}——用横向力系数测试车，在60km/h±1km/h车速下测定；构造深度TD——用铺砂法测定。

设计速度与横向力系数关系见表3-4。

设计速度与横向力系数关系一览表　　表3-4

设计速度（km/h）	120	100	80	60	40	30	20
横向力系数μ	0.10	0.12	0.13	0.15	0.15	0.16	0.17

（2）以信号灯路口视距要求、护栏防护等级为例，进行交通设施技术指标规范性符合分析。

至少有一个信号灯组合的安装位置和方式能确保，在该信号灯组合所指示车道上的机动车驾驶人，处于表3-5规定的范围内时能清晰观察到信号灯。

信号灯路口视距要求　　表3-5

设计速度（km/h）	30	40	50	60	70	80
距停车线最小距离（m）	50	65	85	110	140	165

护栏标准段、护栏过渡段和中央分隔带开口护栏的防护等级按设计能量划分为八级，见表3-6。

护栏标准段、护栏过渡段和中央分隔带开口护栏的防护等级　　表3-6

防护等级	一	二	三	四	五	六	七	八
代码	C	B	A	SB	SA	SS	HB	HA
设计防护能量（kJ）	40	70	160	280	400	520	640	760

3.3.3　道路及设施问题与事故关联分析

结合历史交通事故数据，从事故发生原因和事故后果两个维度，梳理与事故致因相关的道路、交通设施关键指标，并在把握交通事故总体发生规律和梳理关键指标的基础上，对每类道路、交通设施关键指标相关联的关键要素进行分析，找出道路、交通设施关键要素与事故发生原因及事故后果之间的联系，进而挖掘出潜在的道路安全隐患问题。

第 4 章

CHAPTER 4

道路安全隐患
常见问题解析

本章结合相关法规和标准的要求，对从交通事故中反映出的道路线形、视距、标志标线、隔离防护、视频监控、测速取证等道路设施存在的隐患和安全管理问题进行详细解析，为道路安全隐患排查和道路设施安全能力的提升提供参考。

4.1 道路技术指标

4.1.1 道路几何线形不良

1）圆曲线半径偏小

道路曲线路段的圆曲线半径小于行业标准《公路工程技术标准》（JTG B01—2014）第4.0.17条、《公路路线设计规范》（JTG D20—2017）第7.3.2条规定的限值，见表4-1。圆曲线半径小于极限值示意见图4-1。

圆曲线最小半径　　　　　　　　　　表4-1

设计速度（km/h）		120	100	80	60	40	30	20
最大超高	$I_{max}=4\%$	810	500	300	150	65	40	20
	$I_{max}=6\%$	710	440	270	135	60	35	15
	$I_{max}=8\%$	650	400	250	125	60	30	15
	$I_{max}=10\%$	570	360	220	115	—	—	—
不设超高最小半径（m）	路拱≤2.0%	5500	4000	2500	1500	600	350	150
	路拱>2.0%	7500	5250	3350	1900	800	450	200

图4-1　圆曲线半径偏小

2） 坡度或坡长过大

道路纵坡的最大坡度不应大于《公路工程技术标准》（JTG B01—2014）第4.0.20 条、《公路路线设计规范》（JTG D20—2017）第8.2.1 条的规定，如表4-2 所示。

最大纵坡 表4-2

设计速度（km/h）	120	100	80	60	40	30	20
最大纵坡（%）	3	4	5	6	7	8	9

道路纵坡的最大坡长不应大于《公路工程技术标准》（JTG B01—2014）第4.0.21 条、《公路路线设计规范》（JTG D20—2017）第8.3.2 条的规定，如表4-3 所示。陡坡路段示意见图4-2。

不同纵坡最大坡长（单位：m） 表4-3

纵坡坡度（%）	设计速度（km/h）						
	120	100	80	60	40	30	20
3	900	1000	1100	1200			
4	700	800	900	1000	1100	1100	1200
5		600	700	800	900	900	1000
6			500	600	700	700	800
7					500	500	600
8					300	300	400
9						200	300

图4-2 陡坡路段

3） 不良线形组合

道路平面线形与纵断面线形在同一路段区域内发生变化，或者平面线形、纵断面线形在较短距离内发生较大变化，或者在弯坡情况下衔接特殊区域（桥梁、隧道、涵洞等），均为线形组合不当路段，见图4-3和图4-4。

图4-3　长下坡加急弯线形组合

图4-4　竖曲线随地形起伏较大

4）超高值过高或过低

超高是为抵消车辆在圆曲线路段上行驶时所产生的离心力，保证车辆能安全、稳定、满足设计速度、舒适地通过圆曲线，在该路段横断面上设置的外侧高于内侧的单向横坡。《公路路线设计规范》（JTG D20—2017）第7.5.1条规定，圆曲线半径小于表4-4不设超高最小半径时，应在圆曲线上设置超高，公路圆曲线最大超高值不应大于表4-5的规定。弯道路段超高过高示意见图4-5，弯道路段设置反超高示意见图4-6。

不设超高的圆曲线最小半径　　　　　　　　　　　　　　　　　　表4-4

设计速度（km/h）		100	80	60	40	30	20
不设超高圆曲线最小半径（m）	路拱≤2%	4000	2500	1500	600	350	150
	路拱>2%	5250	3350	19000	800	450	200

公路圆曲线最大超高值　　　　　　　　　　　　　　　　　　表4-5

公路技术等级	高速公路、一级公路	二、三、四级公路
一般地区（%）	8或10	8
积雪冰冻地区（%）	6	
城镇区域（%）	4	

图4-5　弯道路段超高过高

图4-6　弯道路段设置反超高

4.1.2 道路视距不良

1) 路段视距不良

依据《公路工程技术标准》（JTG B01—2014）第4.0.15条，二级及二级以下公路的停车视距、会车视距和超车视距应不小于表4-6的规定，一级公路的停车视距应不小于表4-7的规定。弯道路段视距不良示意见图4-7，凸形竖曲线顶部视距不良示意见图4-8。

二级及二级以下公路的停车视距、会车视距和超车视距　　　　表4-6

设计速度（km/h）	80	60	40	30	20
停车视距（m）	110	75	40	30	20
会车视距（m）	220	150	80	60	40
超车视距（m）	550	350	200	150	100

一级公路停车视距　　　　表4-7

设计速度（km/h）	120	100	80	60
停车视距（m）	210	160	110	75

图4-7　弯道路段视距不良

图4-8　凸形竖曲线顶部视距不良

2） 交叉口视距不良

依据《公路路线设计规范》（JTG D20—2017）第 10.3.2 条，条件受限不能保证由停车视距所构成的通视三角区时，应保证主要公路的安全交叉停车视距和次要公路至主要公路边车道中心线 5~7m 所组成的通视三角区，如图 4-9 所示。构造物遮挡视距如图 4-10 所示。安全交叉停车视距值应符合表 4-8 的规定。

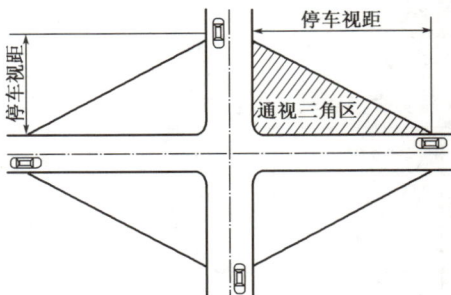

图 4-9　通视三角区示意图

图 4-10　构造物遮挡视距

安全交叉停车视距　　　　　　　　　　　　　　　表 4-8

设计速度（km/h）	100	80	60	40	30	20
停车视距（m）	160	110	75	40	30	20
安全交叉停车视距（m）	250	175	115	70	55	35

4.1.3　平面交叉口设置不当

1） 平面交叉口未渠化

依据《公路路线设计规范》（JTG D20—2017）第 10.1.6 条，二级及二级以上公路的平面交叉必须进行渠化设计，三级公路的平面交叉应进行渠化设计，四级公路的平面交叉宜进行渠化设计。平面交叉口未进行渠化设计示意见图 4-11。

图 4-11　平面交叉口未进行渠化设计

2） 弯道路段设置交叉口

依据《公路路线设计规范》（JTG D20—2017）第 10.2.1 条，平面交叉范围内两相交公路应正交或接近正交，且平面线形宜为直线或大半径平曲线，不宜采用需要设超高的圆曲线。弯道路段设置交叉口示意见图 4-12。

图 4-12 弯道路段设置交叉口

3） 长下坡坡底设置交叉口

平面交叉范围内，两相交公路的纵面宜平缓，纵面线形应满足停车视距要求。依据《公路路线设计规范》（JTG D20—2017）第 10.2.2 条，主要公路在交叉范围内的纵坡应在 0.15% ~3% 的范围内，次要公路紧接交叉的引道部分应以 0.5% ~2% 上坡通往交叉口。长下坡坡底设置交叉口示意见图 4-13。

图 4-13 长下坡坡底设置交叉口

4） 畸形交叉口

依据《公路路线设计规范》（JTG D20—2017）第 10.1.5 条，平面交叉的交角宜为直角。斜交时，其锐角应不小于 70°，受地形条件或其他特殊情况限制时，应大于 45°。平面交叉岔数不应多于四条；岔数多于四条时应采用环形交叉。环形交叉的岔数不宜多于五条,有条件的应采用"入口让路"环形交叉。畸形多路交叉口示意见图 4-14。

图 4-14 畸形多路交叉口

5) 道路开口不当

道路开口设置不当,主要是指道路沿线平面交叉口距离过近。依据《公路工程技术标准》(JTG B01—2014)第 9.1.5 条、《公路路线设计规范》(JTG D20—2017)第 10.1.7 条,一级公路、二级公路平面交叉的最小间距应不小于表 4-9 的规定。路侧开口不当还包括路口存在冲坡和下坡现象、路口隐蔽不易被发现等情形。道路开口不当相关示意见图 4-15 ~ 图 4-18。

平面交叉最小间距 表 4-9

公路等级	一级公路			二级公路	
公路功能	干线公路		集散公路	干线公路	集散公路
	一般值	最小值			
间距(m)	2000	1000	500	500	300

图 4-15 路侧开口过多

图 4-16 中央分隔带开口过多

图 4-17　路侧开口隐蔽

图 4-18　路侧开口存在冲坡现象

4.1.4　横断面设置不当

1）车道数突变

在同一路段上，车道数发生变化，形成交通瓶颈；两条相接的道路，车道数一致，但车道未按原来线形延伸，容易导致错乱。车道数突变路段示意见图 4-19。

图 4-19　车道数突变路段

2）车道宽度突变

在同一路段上，车道的断面宽度发生变化，衔接过渡不合理。车道宽度突变示意见图 4-20 和图 4-21。

图 4-20　渐变段过渡不当

图 4-21　宽路接窄桥

3）横断面组成不合理

依据《公路路线设计规范》（JTG D20—2017）第 6.1.1 条，高速公路、一级公路整体式路基标准横断面应由车道、中间带（中央分隔带、左侧路缘带）、路肩（右侧硬路肩、土路肩）等部分组成。二级公路路基标准横断面应由车道、路肩（硬路肩、土路肩）等部分组成。三级公路、四级公路路基标准横断面应由车道、路肩等部分组成。《公路路线设计规范》（JTG D20—2017）第 6.1.1 条规定，二级公路的硬路肩可供非汽车交通使用。非汽车交通量较大的路段，可采用全铺的方式，以充分利用。横断面组成不合理示意见图 4-22 和图 4-23。

图 4-22　未设置非机动车道

图 4-23　非机动车道过宽

4）排水沟未加盖板

依据《公路路线设计规范》（JTG D20—2017）第 9.4.7 条，设置在紧靠车道的边沟，其断面宜采用浅碟形或漫流等方式，当采用矩形或梯形边沟时，应加盖板。矩形边沟未加盖板示意见图 4-24。

图 4-24 矩形边沟未加盖板

4.1.5 路面质量不符合要求

1）路面抗滑性能不足

依据《公路养护技术规范》（JTG H10—2009）第 4.2.3 条，一级公路抗滑能力不足（SFC < 40）的路段（SFC = 40 时，动态摩擦系数约为 0.412），或二级及二级以下公路抗滑能力不足（SFC < 35.5）的路段，应采取罩面等措施改善路面的平整度。路面抗滑性能不足示意见图 4-25。

图 4-25 路面抗滑性能不足

2）路面破损

依据《中华人民共和国道路交通安全法》第三十条，道路出现坍塌、坑槽、水毁、隆起等损毁的，道路养护部门或管理部门应设置警示标志并及时修复。公安机关交通管理部门发现前款情形，危及交通安全，尚未设置警示标志的，应当及时采取措施，疏导交通，并通知道路养护部门或者管理部门。路面破损示意见图 4-26。

图 4-26　路面破损

3） 路面积水

依据《公路排水设计规范》（JTG/T D34—2012）第 4.2.1 条，设置拦水带汇集路表水时，高速公路及一级公路的设计积水宽度不得超过右侧车道外边缘；二级及二级以下公路不得超过右侧车道中心线。依据《公路沥青路面养护技术规范》（JTG 5143—2019）第 5.3.3 条，排水作业要定期排查路面排水和积水情况，保持排水功能正常、路面无积水。对沥青路面局部沉陷、横坡不适、拦水带开口设置不合理等原因导致的积水，应及时采取排除措施。路缘石阻碍雨水排出示意见图 4-27，路侧排水孔高于路面示意见图 4-28。

图 4-27　路缘石阻碍雨水排出

图 4-28　路侧排水孔高于路面

4.2 交通标志和标线

4.2.1 标志标线设计不符合规范要求

1）标志颜色、形状、字符、图形等不符合要求

依据《道路交通标志和标线　第2部分：道路交通标志》（GB 5768.2—2022）第4.1.1条，交通标志是以颜色、形状、字符、图形等向道路使用者传递交通控制、引导信息，用于管理交通的设施。交通标志的颜色、形状、字符、图形应按标准规定执行。标志样式不符合要求示意见图4-29。

图4-29　标志样式不符合要求

2）标线颜色施划错误

依据《道路交通标志和标线　第3部分：道路交通标线》（GB 5768.3—2009）第3.6条：白色标线，划于路段中时用以分隔同向行驶的交通流；黄色标线，划于路段中时用以分隔对向行驶的交通流或作为公交车、校车专用车道线/停靠站标线，见图4-30。

3）视距不良路段施划虚线

依据《道路交通标志和标线　第3部分：道路交通标线》（GB 5768.3—2009）第4.2条：可跨越对向车行道分界线为黄色虚线；第4.3条：可跨越同向车行道分界线为白色虚线；第5.2.1条：禁止跨越对向车行道分界线有双黄实线、黄色虚实线和单黄实线三种类型，用于分隔对向行驶的交通流，并禁止双方向或一个方向车辆越线或压线行驶。在弯道、坡道等视距不良路段，如缺乏对超车视距的检验，错误地施划黄虚线，会误导驾驶人认为可以越线超车，见图 4-31、图 4-32。

图 4-30　对向车流分界线应为黄色

图 4-31　弯道视距不良施划虚线　　　　图 4-32　坡道视距不良施划虚线

4）标志与标线信息矛盾

依据《道路交通标志和标线　第 1 部分：总则》（GB 5768.1—2009）第 3.3 条，道路交通标志和标线传递的信息不应相互矛盾，应互为补充。标志向道路使用者提供准确及时的信息和引导，标线传递有关道路交通的规则、警告、指引等信息，二者配合使用时传递信息应一致。禁止超车标志、黄色虚线相矛盾示意见图 4-33。

5）标志版面样式不准确

依据《道路交通标志和标线　第 3 部分：道路交通标线》（GB 5768.3—2009）第 5.1 条，禁令标志表示禁止、限制及相应解除的含义，道路使用者应严格遵守；仅采用文字时，标志为白底、红圈、红杠、黑文字，形状为圆形或矩形。禁令标志板错误样式见图 4-34。

图 4-33　禁止超车标志、黄色虚线相矛盾

图 4-34　禁令标志板错误样式

4.2.2　标志设置方式不规范

1）标志设置顺序不合理

依据《道路交通标志和标线　第 2 部分：道路交通标志》（GB 5768.2—2022）第 4.8.6 条，一个支撑结构上并设的标志，应按禁令标志、指示标志和警告标志的顺序从上往下、从左往右设置。标志设置顺序不合理示意见图 4-35。

图 4-35　标志设置顺序不合理

2）标志数量过多、信息过载

依据《道路交通标志和标线　第 2 部分：道路交通标志》（GB 5768.2—2022）第 4.8.2 条，同一地点需要设置两个以上标志时，宜安装在一个支撑结构上，但最多不应超过 4 个。标志数量过多示意见图 4-36。

3） 不同种类标志并设

依据《道路交通标志和标线　第2部分：道路交通标志》（GB 5768.2—2022）第4.8.3条，原则上要避免不同种类的主标志并设，如禁令标志与指路标志；第4.8.4条，停车让行标志、减速让行标志、解除限制速度标志、禁止超车标志、解除禁止超车标志、会车先行标志、会车让行标志宜单独设置（图4-37）；如条件受限制无法单独设置时，一个支撑结构上不应超过两个标志，辅助标志不计。

图4-36　标志数量过多

图4-37　让行标志应单独设置

4） 车道指示标志信息不准确

机动车车道标志表示该车道只供机动车行驶，设在该车道的起点及各交叉口入口前适当位置；非机动车车道标志表示该车道只供非机动车行驶，设在该车道的起点及各交叉口入口前适当位置。机动车车道标志、非机动车车道标志应与车道分隔标线配合使用。车道指示标志指示不明确示意见图4-38。

图4-38　车道指示标志指示不明确

4.2.3 标志标线缺少或损坏

1）标线缺失或磨损

依据《道路交通标志和标线 第1部分：总则》（GB 5768.1—2009）第4.2.1条，道路交通标志和标线应维护良好，以保持交通标志和标线的完整、清晰、有效。标线磨损视认不清见图4-39。

图4-39 标线磨损视认不清

2）线形诱导标志缺失

依据《道路交通标志和标线 第2部分：道路交通标志》（GB 5768.2—2022）第7.44条，线形诱导标用以引导行车方向，提醒驾驶人谨慎驾驶，注意前方线形变化。根据线路转角、平曲线半径，确定曲线路段是否设置线形诱导标，路线转角大于7°、平曲线半径小的曲线路段宜设置线形诱导标。视线不好的T形交叉口应设置线形诱导标。较大弯道路段缺少线形诱导标志示意见图4-40。

3）缺少实体标记

依据《道路交通标志和标线 第3部分：交通标线》（GB 5768.3—2009）第6.7条，在靠近道路净空范围的上跨桥梁的桥墩、中央分隔墩、收费岛、实体安全岛或导流岛、灯座、标志基座及其他可能对行车安全构成威胁的立体实物表面上，应涂黑黄相间的倾斜线条，给出实体构造物的轮廓，提醒驾驶人注意。桥梁端头等构筑物缺少实体标记示意见图4-41。

图 4-40　较大弯道路段缺少线形诱导标志

图 4-41　桥梁端头等构筑物缺少实体标记

4.3　隔离防护设施

4.3.1　护栏防护能力不足

1）护栏缺失

依据《公路交通安全设施设计规范》（JTG D81—2017）第 6.2 条，连续下坡路段小半径曲线的外侧、长直线尽头的小半径曲线外侧、陡坡路段平曲线外侧、曲线外侧距离路肩较近范围内有民居、高速公路、高速铁路、高压输电线塔、危险品储存仓库的、桥梁两侧护栏缺失、损毁或者不连续的，应设置路侧护栏。护栏缺失示意见图4-42和图4-43。

图4-42 临崖路段未设置护栏

图4-43 弯道外侧未设置护栏

2） 护栏防护等级不足

依据《公路交通安全设施设计细则》（JTG/T D81—2017）第6.2.2条，路侧护栏的设置及防护等级的选取应符合表4-10的规定，导致事故发生可能性增加或后果更严重的路段，路侧护栏的防护等级宜在上述基础上提高1个等级。边坡坡度、路堤高度与设置护栏的关系见图4-44，路侧护栏防护等级偏低示意见图4-45。

路侧护栏设置原则及防护等级选取条件 表4-10

事故严重程度及护栏设置原则	路侧计算净区宽度范围内有以下情况	公路技术等级和设计速度（km/h）	防护等级（代码）
高，必须设置	高速铁路、高速公路、高压输电线塔、危险品存储仓库等设施	高速公路120	六（SS）级
		高速公路、一级公路100、80	五（SA）级
		一级公路60	四（SB）级
		二级公路80、60	四（SB）级
		三级公路40	三（A）级
		三、四级公路30、20	二（B）级
中，应设置	1. 二级及以上边坡坡度和路堤高度在图4-45的Ⅰ区、Ⅱ区阴影范围之内的路段，三、四级公路路侧有深度30m以上的悬崖、深谷、深沟等的路段；	高速公路、一级公路120、100、80	四（SB）级

事故严重程度及护栏设置原则	路侧计算净区宽度范围内有以下情况	公路技术等级和设计速度（km/h）	防护等级（代码）
中，应设置	2. 江、河、湖、海、沼泽等水深1.5m以上水域； 3. Ⅰ级铁路、一级公路等； 4. 高速公路、一级公路外设有车辆不能安全越过的照明灯、交通标志、上跨桥梁的桥墩或桥台等设施	一级公路60	三（A）级
		二级公路80、60	三（A）级
		三级公路40	二（B）级
		三、四级公路30、20	一（C）级
低，宜设置	1. 二级及以上公路边坡坡度和路堤高度在图4-45的Ⅲ区阴影范围之内的路段；三、四级公路边坡坡度和路堤高度在图4-45的Ⅰ区之内的路段； 2. 二级及以上等级公路路侧边沟无盖板、车辆无法安全越过的挖方路段； 3. 高出路面或开挖的边坡坡面有30cm以上的混凝土砌体或大孤石等障碍物； 4. 出口匝道的三角地带有障碍物	高速公路、一级公路120、100、80	三（A）级
		一级公路60	二（B）级
		二级公路80、60	二（B）级
		三、四级公路40、30、20	一（C）级

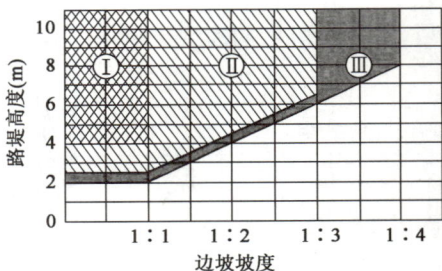

图4-44　边坡坡度、路堤高度与设置护栏的关系

图4-45　路侧护栏防护等级偏低

3）护栏高度不够

依据《公路交通安全设施设计细则》（JTG/T D81—2017）第6.2.7条，部分路侧波形梁护栏的梁板高度应符合表4-11的要求。护栏梁板高度不足示意见图4-46。

部分波形梁护栏结构构造和尺寸　　　　　　　　　　表 4-11

防护等级	代码	梁板（mm）	立柱（mm）	托架/防阻块（mm）	横梁（mm）	梁板高度（mm）	立柱埋深（mm）	立柱间距（mm）
一	C	310×85×2.5	φ114×4.5	300×70×4.5	—	600	1400	4000/2000
二	B	310×85×3	φ114×4.5	300×70×4.5	—	600	1400	2000/1000
三	A	506×85×3	φ140×4.5	196×178×400×4.5	—	697	1400	4000/2000
		506×85×4	φ140×4.5	300×270×35×6	—	697	1650	4000/2000
四	SB	506×85×4	φ130×130×6	300×200×290×4.5	—	697	1650	2000/1000
五	SA	506×85×4	φ130×130×6 和 φ102×4.5	300×200×290×4.5	φ89×5.5	697	1650	3000/1500
六	SS	506×85×4	φ130×130×6 和 φ102×4.5	350×200×290×4.5	φ89×5.5	697	1650	2000/1000
七	HB	506×85×4	φ130×130×6 和 φ102×4.5	400×200×290×4.5	φ89×5.5	697	1650	2000/1000

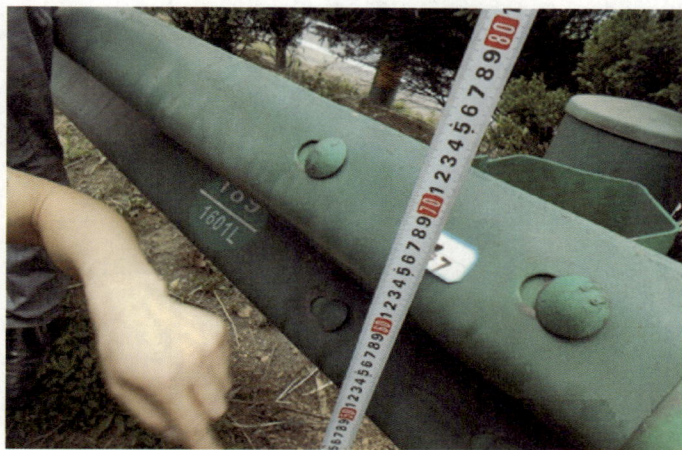

图 4-46　护栏梁板高度不足

4）护栏立柱直径、长度、埋深或间距不足

依据《公路交通安全设施设计细则》（JTG/T D81—2017）第 6.2.7 条，部分路侧波形梁护栏立柱的直径、长度、埋深、间距应符合表 4-11 的要求。护栏立柱埋深不足示意见图 4-47。

图 4-47　护栏立柱埋深不足

5）护栏长度不足

依据《公路交通安全设施设计规范》（JTG D81—2017）第 6.2.21 条，护栏的最小结构长度应符合表 4-12 的规定。护栏长度设置不足示意见图 4-48。

护栏最小结构长度 表 4-12

公 路 等 级	护 栏 类 型	最小长度（m）
高速公路、一级公路	波形梁护栏	70
	混凝土护栏	36
	缆索护栏	300
二级公路	波形梁护栏	48
	混凝土护栏	24
	缆索护栏	120
三级公路、四级公路	波形梁护栏	28
	混凝土护栏	12
	缆索护栏	120

6）护栏板拼接螺栓松动或缺失

波形梁护栏板之间的高强度拼接螺栓存在松动或缺失问题，原本应该安装 4 个拼接螺栓，实际上只安装了 2 个，甚至 1 个，致使护栏板的整体性能降低。护栏板拼接螺栓缺失见图 4-49。

图4-48 护栏长度设置不足

图4-49 护栏板拼接螺栓缺失

4.3.2 护栏设置不合理

1）缺少中央隔离设施

依据《公路工程技术标准》（JTG B01—2014）第4.0.4条、《公路路线设计规范》（JTG D20—2017）第6.3.1条，作为干线的一级公路，整体式断面中间带宽度小于或等于12m，或者12m宽度范围内有障碍物时，必须设置中央分隔带护栏。作为集散的一级公路，整体式断面中间带应设置保障行车安全的隔离设施，根据交通安全综合分析结果考虑是否设置中央分隔带护栏。二级公路设置超车道的路段，可根据驶入对向车道事故的风险及经济分析，确定是否设置中央分隔带护栏或隔离设施。双向四车道一级公路未设中央隔离设施示意见图4-50。

图4-50 双向四车道一级公路未设中央隔离设施

2） 护栏设置不连续

依据《公路交通安全设施设计规范》（JTG D81—2017）第6.2.14条，不同防护等级或不同结构形式的护栏之间连接时，应进行过渡段设计。护栏过渡段的防护等级应不低于所连接护栏中较低的防护等级。一级公路及作为干线的二级公路的隧道出入口等位置，护栏应进行过渡段设计；作为集散的二级公路及三级、四级公路的隧道出入口等位置，护栏宜进行过渡段设计。护栏设置不连续见图4-51。

图 4-51　护栏设置不连续

3） 护栏端头处置不当

依据《公路交通安全设施设计规范》（JTG D81—2017）第6.2.13条，护栏在设置的起讫点、交通分流处三角地带、中央分隔带开口以及隧道入口、出口处等位置，应进行便于失控车辆安全导向的端头处理。在填挖路基交界处护栏起点端头的位置，应从填挖零点向挖方段延伸一定的距离，设置为外展圆头式或埋入土体（刚性护栏或水泥墩护栏）。护栏端头未作防护处理示意见图4-52。

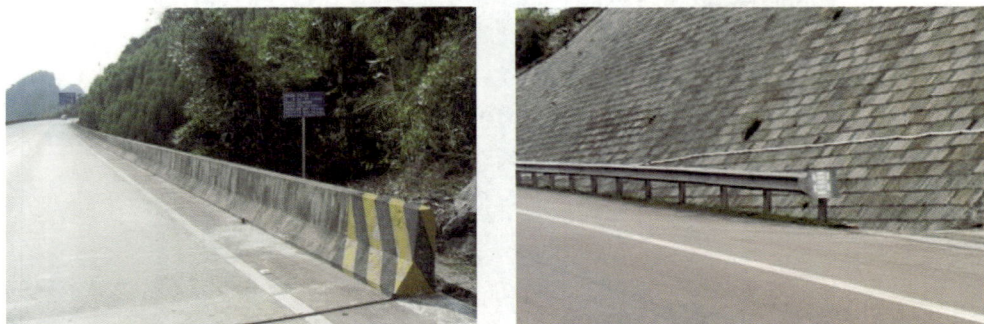

图 4-52　护栏端头未作防护处理

4） 路侧净区存在障碍物

依据《公路交通安全设施设计规范》（JTG D81—2017）第 6.2.4 条，一级公路路外设有车辆不能安全穿过的照明灯、交通标志、声屏障、上跨桥梁的桥墩或桥台、隧道入口处的检修道或洞门等设施的路段，车辆驶出路外有可能造成重大事故的路段，应设置路侧护栏。路侧净区障碍物未设置护栏隔离示意见图 4-53。

图 4-53　路侧净区障碍物未设置护栏隔离

4.4　交通管理设施

4.4.1　交通信号灯

1） 信号灯应设未设

依据《道路交通信号灯设置与安装规范》（GB 14886—2016）第 5.1 条和《公路路线设计规范》（JTG D20—2017）第 10.1.4 条，符合以下情况应设置交通信号灯：两条交通量均较大，且功能、等级相同的公路相交，难以用"主路优先"交通管理方式；两相交公路虽有主次之别，但交通量均较大，采用"主路优先"交通管理方式会出现较频繁的交通事故或明显的交通延误；主要公路交通流量较大，而次要公路尽管流量不大，但采用"主路优先"交通管理方式，次要公路上的车辆由于难以遇到可供驶入的主流间隙而引起不可接受的交通延误，或出现冒险驶入长度不足的主流间隙而危及安全；两相交公路的交通量虽未达到上述程度，但由于有相当数量的行人和非机动车穿越交叉而引起交通延误，甚至造成阻塞或交通事故等。机非严重冲突路段未设信号灯见图4-54。

图4-54　机非严重冲突路段未设信号灯

2）　信号灯排列顺序不正确

机动车信号灯、方向指示信号灯竖向安装时，灯色排列顺序由上向下应为红、黄、绿；横向安装时，灯色排列顺序由左到右为红、黄、绿。信号灯冗余冲突示意见图4-55。

3）　信号灯安装方位不正确

机动车信号灯、方向指示信号灯的安装方位，应使信号灯基准轴与地面平行，基准轴的垂面通过所控机动车道停车线后60m处中心点。在信号灯立杆上附着增设的信号灯，安装方位应保证处于停止线附近的机动车驾驶人能够清晰观察到信号灯。信号灯安装方位不准确示意见图4-56。

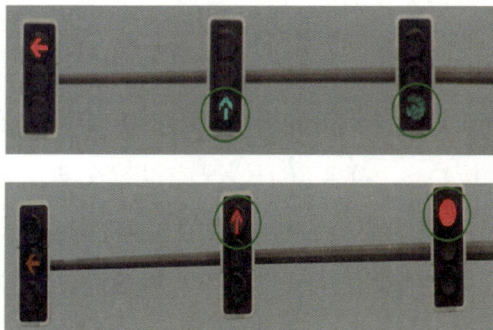

图4-55　信号灯冗余冲突

图4-56　信号灯安装方位不准确

4.4.2　视频监控设备

1）　视频监控设备数量设置不足

国省道沿线设置的视频监控设备数量少，与平均每 5 ~ 10km 1 处视频监控、1 套卡口设备的目标相差较大。

2）　设备安装角度不当易造成误拍

一些设置在急弯、陡坡、交叉口路段侧边的违法变道"压线"抓拍设备，由于拍摄角度过大，容易将车身阴影认为是车辆压线而误拍，采集有效率不高。设备抓拍角度过大示意见图 4-57。

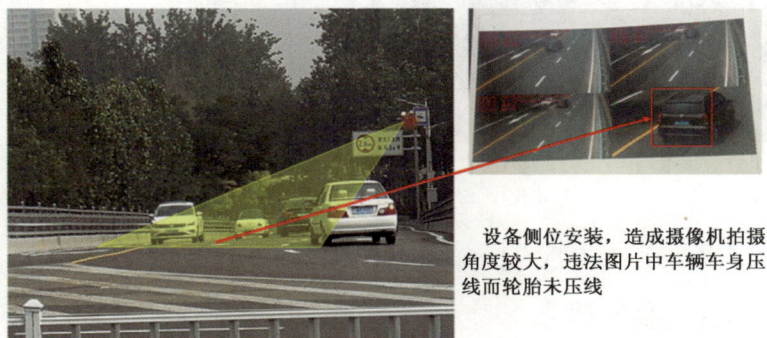

设备侧位安装，造成摄像机拍摄角度较大，违法图片中车辆车身压线而轮胎未压线

图 4-57　设备抓拍角度过大

3）　提前告知指引不足

部分监控抓拍点前设置的警告标志与抓拍点位距离过近（图 4-58），车辆变道不及时易导致违法发生，高峰期更突出。

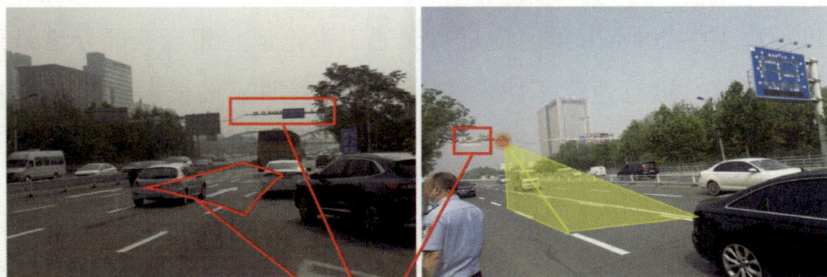

仅有一处提示标志和地面文字，提示标志与抓拍设备同一断面，信息提示提前量不够

图 4-58　警告标志与抓拍点位距离过近

4） 监控抓拍质量不高

部分监控设备抓拍的图像不清晰，或交通违法行为特征不明显。例如压线、不按规定车道行驶等违法行为需根据两张图片中的车辆位移变化来判定，但抓拍图片上的位移不明显（图4-59），难以准确认定。

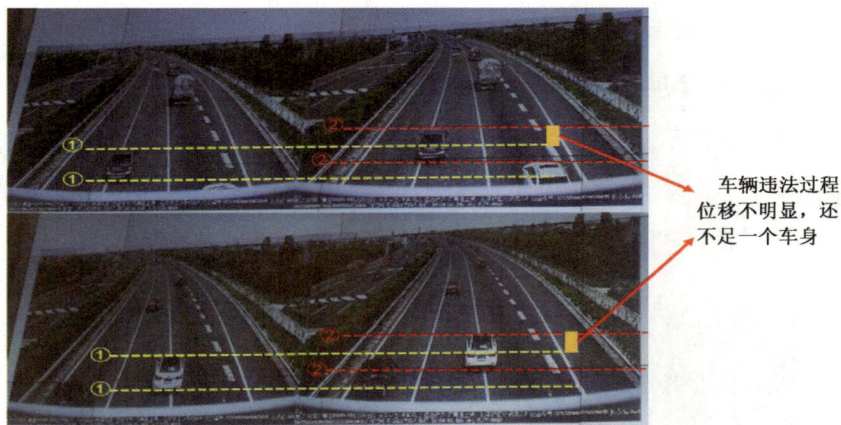

车辆违法过程位移不明显，还不足一个车身

图4-59　抓拍图片上车辆位移不明显

4.4.3　测速取证设备

1） 限速值设置不当

限速值以道路的设计速度值为基础，可以取设计速度值或低于设计速度值。依据《道路交通标志和标线　第5部分：限制速度》（GB 5768.5—2017）第5.2条，在符合法律规定的前提下，限制速度值也可以提高 10～20km/h。限制速度值比设计速度值高 10～20km/h 的，应进行交通工程论证。相当一部分道路存在限速值设置一致性不好、运行速度不协调，限速值设置明显偏低、相邻限速差值超过30km/h 等问题。

2） 缺少必要警示和减速设施

部分测速路段存在限速标志、告知提示标志、减速设施等交通设施缺失、遮挡、污损、视认性差等问题，也存在固定测速取证设备设置地点没有向社会公布等问题。测速点配套设施不足示意见图4-60。

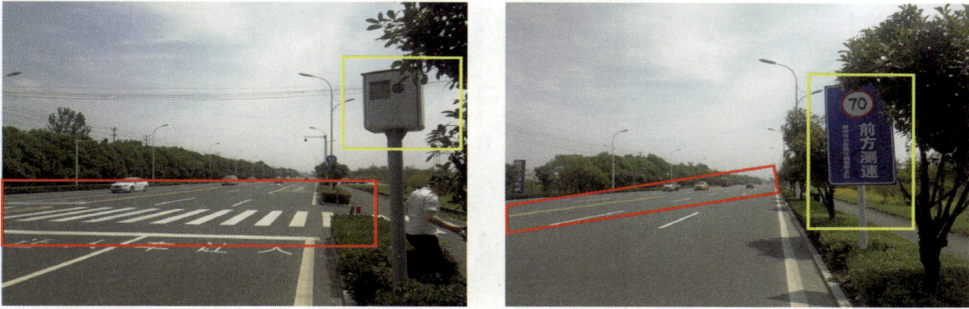

图 4-60　测速点配套设施不足

3）测速点位置选取不当

测速取证设备记录超速违法行为较多的路段，减速设施、告知提示等措施设置不到位；测速取证设备设置在限速值低于 60km/h 路段，或者限速差值超过 30km/h（不含）的路段，或者限速值不合理的路段；固定测速取证设备未接入公安交通集成指挥平台。

第 5 章

CHAPTER 5

道路安全隐患
排查治理要点

本章筛选出涉及急弯路段、长陡坡路段、不良线形组合路段、穿村过镇路段、平面交叉口、接入口、桥梁、隧道、路侧险要路段、横断面突变路段、施工路段等典型隐患路段排查治理案例，解析其在道路线形、交通设施方面存在的问题及相应的改善措施，阐述隐患路段的治理效果。

5.1　急弯路段

急弯路段，是指道路曲线路段弯道半径小于表4-1中限值的路段。在急弯路段驾驶人不易控制车辆，存在冲撞护栏、路基等风险。

5.1.1　排查要点

（1）排查转弯半径、平曲线长度、超高、平曲线加宽值等是否符合标准要求。

（2）核查急弯处的交通标志、标线、安全防护设施等是否缺失或损坏。

（3）排查路侧净区内是否存在灯杆、交通标志杆、广告牌、机柜等固定物或障碍物，急弯处外侧路侧护栏是否缺失或损坏。

（4）是否存在急弯连接桥梁、隧道、涵洞问题，若存在，横断面宽度、车道数等衔接过渡是否顺畅。

5.1.2　治理对策

根据道路实际情况，单独或综合采取以下治理措施：

（1）设置急弯或事故多发路段等警告标志。

（2）设置限速标志，并根据需要设置解除限速标志。如果超速现象严重，且是造成事故频发的主要原因时，可在进入弯道前一定距离设置20～30m的减速路面，或设置其他物理减速设施，同时应注意设置相应的标志标线进行预告、警告。

（3）设置减速标线。

（4）设置禁止超车标志，并根据需要设置解除禁止超车标志。

（5）设置线形诱导标或轮廓标。

（6）设置道路中心实线或物理分隔设施，减少因路段视距不良车辆越过中心线发生的对撞事故。

（7）根据路侧危险程度和事故资料，在弯道外侧设置护栏。

（8）根据事故资料和弯道处实际车速，确定是否需要增加超高。

（9）排查视距，有条件情况下清理影响通视的障碍物，有山体遮挡的可设置凸面镜。

（10）有条件时，弯道处路面加宽。

5.1.3　案例解析

1）示例1：　贵州省黔东南苗族侗族自治州 G551 国道急弯路段

（1）路段概况

G551 国道 K53 + 50 ~ K54 + 100 段，双向两车道，为长下坡、急弯、视距不良路段，限速 40km/h，中心施划单黄虚线，见图 5-1。

图 5-1　G551 国道 K53 + 50 ~ K54 + 100 段概览

（2）安全隐患分析

连续长下坡路段，弯道多，视距不足，发生碰撞的风险较大；路段起终点两端落差达 160m 以上，坡度≥4%，坡长 3km。该路段交通流量较大，且多为过境车辆，驾驶人因不熟悉路况、判断不足，容易车速过快，车辆冲出路外的风险较大、后果较为严重。

（3）改善措施

①在该路段前设置醒目的"事故多发路段"警告标志，提示驾驶人注意。

②在下坡开始至结束设置减速振动标线，提醒驾驶人减速行驶。

③弯道处加固防撞墙，减少车辆冲出路外事故。

G551 国道 K53 +50 ~ K54 +100 段改善方案见图 5-2。

图 5-2　G551 国道 K53 +50 ~ K54 +100 段改善方案

（4）改善效果

通过采取设置警告标志、路侧护栏、道路中心黄实线、减速振动标线等措施，显著提升了路段的安全性。改善后，该路段交通事故起数同比减少 90%、伤亡人数同比减少 100%。

2）示例2：江苏省苏州市环太湖大道急弯路段

（1）路段概况

苏州市环太湖大道（县道）胥渔路至东山宾馆段，双向两车道，全段共有 6 处急弯路段，限速 30km/h，中心施划双黄实线，见图 5-3。

（2）安全隐患分析

①环太湖大道几个主要弯道处均种植树木，对驾驶人视线造成遮挡，存在安全隐患。

②弯道内侧受住宅遮挡，视距不足，驾驶人无法观察前方对向来车情况，发生碰撞的风险较大。

③弯道处照明不足，缺乏主动发光标志标线，夜晚或天色昏暗时易造成事故。

④沿线弯道条件较好，限速 30km/h（直线段 70km/h），途经车辆运行速度多数在 50km/h，限速过低且限速措施不足。

图5-3　环太湖大道急弯路段概览

（3）改善措施

①移除弯道内侧的树木，保证驾驶人行车视距。

②弯道西侧增加路灯照明。

③弯道段限速由 30km/h 调整为 50km/h，采用纵向减速标线和横向减速振动标线，提醒驾驶人减速，并设置超速抓拍设施。

④在每个弯道处都设置主动发光的限速标志、事故多发路段标志、禁止超车标志，弯道处中心线设置发光道钉。

环太湖大道急弯路段改善方案见图5-4。

图5-4　环太湖大道急弯路段改善方案

（4）改善效果

通过采取移除树木、增加照明、降低车速、增设主动发光标志标线等措施，显著提升了该路段的安全性。改善后该路段交通事故起数同比减少 70%、未发生死亡交通事故。

3）示例3：广西壮族自治区河池市G242国道急弯路段

（1）路段概况

G242国道K3352+100~K3352+730段，二级公路，双向两车道，有效路面宽8.3m，弯道半径134.9m，道路西侧为民房、东侧为通村路口，中心施划单黄虚线，见图5-5。

图5-5　G242国道K3352+100~K3352+730段概览

（2）安全隐患分析

①弯道穿村路段，车辆超车或借道通行容易发生碰撞事故。

②弯道外侧为住宅，车辆冲出路外的后果较为严重。

③道路外侧有接入道路，受绿植遮挡视距不足，支路进出车辆容易造成事故。

④弯道穿村路段，限速70km/h偏高，容易引发交通事故。

（3）改善措施

①在路段两端设置"事故多发路段，提前减速慢行"提示牌，提示驾驶人注意安全行车。

②在弯道处将道路中心黄色虚线改为黄色实线，禁止车辆超车。

③在路段两端设置限速40km/h的标志，双向设置减速振动标线，提醒驾驶人减速行驶。

④弯道外侧设置波形梁护栏，减少车辆驶出路外引发二次事故。

⑤修剪接入口的绿植，安装凸面镜，在弯道外侧设置诱导标志。

G242 国道 K3352 + 100 ～ K3352 + 730 段改善方案见图 5-6。

图 5-6　G242 国道 K3352 + 100 ～ K3352 + 730 段改善方案

（4）改善效果

通过采取设置村庄警告标志、限速标志、诱导标志、减速标线、路侧护栏、禁止超车标线、凸面镜等措施，显著提升了该路段的安全性。

4）示例4：云南省大理白族自治州 G215 国道急弯路段

（1）路段概况

G215 国道 K3378 + 500 ～ K3380 + 500 段，双向两车道，连续弯道，视距不良，限速 60km/h，中心施划单黄实线，见图 5-7。

（2）安全隐患分析

①连续弯道，视距不良。

②道路外侧为陡坎且防护等级不足，车辆行车速度较快，雨季易发生车辆冲出路外翻覆事故。

③大货车较多，上坡速度较慢，小车在超车过程中，容易发生事故。

（3）改善措施

①在路侧陡坎防护等级低的路段，增设 A 级波形防护栏、混凝土护栏。

②在路面增设减速振动标线，减慢车辆行驶速度。

③利用原道路边坡位置拓宽路基 3m，提供车辆紧急避险空间。

④增设"事故多发、减速慢行"提示标志，提醒车辆减速慢行。

⑤在弯道视距不良路段，增设"禁止超车"标志，危险路段全段禁止超车。

G215 国道 K3378 + 500 ～ K3380 + 500 段改善方案见图 5-8。

图 5-7 G215 国道 K3378 + 500 ~ K3380 +
500 段概览

图 5-8 G215 国道 K3378 + 500 ~ K3380 +
500 段改善方案

（4）改善效果

针对该路段存在视距不足、车速过快、路侧防护不足等问题，通过设置路侧护栏、禁止超车标志、减速振动标线、拓宽路基等措施，显著地提升了该路段的安全性。改善后该路段交通事故起数同比减少 70%，受伤人数同比减少 70%，未发生死亡交通事故。

5） 示例 5： 江西省吉安市 S222 省道急弯路段

（1）路段概况

S222 省道 K250 + 750 ~ K250 + 850 段，双向两车道，为急弯视距不良路段，弯道处设有 T 形接入口，限速 40km/h，中心施划单黄实线，见图 5-9。

图 5-9 S222 省道 K250 + 750 ~ K250 + 850 段概览

（2）安全隐患分析

①接入口因弯道路段视距不足，驾驶人观察前方来车情况难度较大，发生碰撞的风险较大。

②弯道路段，车辆超车或借道通行易发生交通事故。

（3）改善措施

①设置"T形交叉口""事故多发路段减速慢行""急弯"等警告标志，提示驾驶人注意前方路口及过往行人。

②在弯道视距不良处施划中心黄实线，禁止车辆超车，增设弯道超车压线抓拍设备。

③在下坡方向设置减速振动标线，提醒驾驶人减速行驶。

④弯道外侧靠近山体一侧及靠近路口处路肩硬化，拓宽道路，方便靠山体一侧两轮车、三轮车、行人通行，以及由支路进入省道车辆、行人停在路肩处观察来车情况，确保安全通过。

S222省道K250＋750～K250＋850段改善方案见图5-10。

图5-10　S222省道K250＋750～K250＋850段改善方案

（4）改善效果

通过设置"T"形交叉路口、事故多发地段减速慢行等警告标志，路肩硬化拓宽、弯道超车压线抓拍、减速振动标线、交通警示灯等措施，显著地提升了该路段的安全性，改善后未发生交通事故。

5.2　长陡坡路段

一级公路长陡坡路段，是指特定相对高差，或特定平均坡度条件下连续坡长大于表4.3中限值的路段。二级、三级、四级长陡坡路段，是指相对高差小于500m时，平均纵坡大于5.5%的路段；或者相对高差大于500m时，平均纵坡大于5%的路段。

5.2.1 排查要点

(1) 坡度、坡长是否符合标准要求，是否存在采用低限指标、不良线形组合的问题。

(2) 是否存在交通标志指示信息不连续、前后信息相互矛盾等不协调、不系统的问题，导致驾驶人对前方危险认知不足、无法及时采取应对措施的问题。

(3) 交通标志设置是否合理，是否存在大型车辆、植被、构造物等遮挡，影响标志的视认性，引发行车安全风险的问题。

(4) 限速值、限速工程措施、限速监控设施等设置不合理或缺失的问题。

5.2.2 治理对策

根据道路实际情况，单独或综合采用以下治理措施：

(1) 设置陡坡警告标志，或其他文字型警告标志。

(2) 设置限速标志、减速设施和视线诱导设施。

(3) 根据路侧危险程度和历史事故资料，设置护栏。

(4) 在货车比例较高、横断面宽度允许情况下，设置爬坡车道。

(5) 有条件的路段，在连续长、陡下坡路段设置避险车道，并按要求设置配套的标志、标线及隔离、防护、缓冲等安全设施。

(6) 有条件的路段，在大流量、恶劣天气、夜间车况与通行条件不匹配的情况下，禁止2轴以上货车通行。

5.2.3 案例解析

1) 示例1： 贵州省黔西南布依族苗族自治州 S210 省道长陡坡路段

(1) 路段概况

S210 省道 K108+900～K109 段，双向两车道，为长下坡、一般弯道，多条通村支路与主路搭接，道路限速 40km/h，见图 5-11。

（2）安全隐患分析

①连续长下坡路段，车速过快，特别是重型货车易发生制动热衰退，已发生多起事故。

②长下坡末端为笃山镇场坝入口，赶集天摆摊设点、人流量及车流量较大，安全隐患大。

③多条通村支路与主路搭接。

④减速振动标线磨损且得不到及时修复，加之交通标志标线不完善，长下坡行驶车辆易与支路驶出车辆发生碰撞。

（3）改善措施

①在进入镇区前方 500m 处设置紧急避险车道。

②重新合理施划减速振动标线，完善交通标志。

③在通村支路出入口设置减速丘。

④完善该路段和支路口警告标志、警示灯。

S210 省道 K108＋900～K109 段改善方案见图 5-12。

图 5-11　S210 省道 K108＋900～K109 段概览　　图 5-12　S210 省道 K108＋900～K109 段改善方案

（4）改善效果

通过增设避险车道，重新施划标志标线，修复减速振动标线，支路出入口设置减速丘，完善路段和支路口警告标志、警示灯等措施，显著地提升了该路段的安全性。改善后该路段交通事故起数同比减少 80%，伤亡人数同比减少 70%。

2）示例2：　山西省临汾市 G520 国道长陡坡路段

（1）路段概况

G520 国道 K12～K35 段，双向四车道，限速 60km/h，为山区连续下陡坡和坡道弯道组合路段，见图 5-13。

图 5-13　G520 国道 K12 ~ K35 段概览

（2）安全隐患分析

①个别半径较小的急弯路段，中间隔离带护栏防撞等级低，收费站西广场上下行缺少隔离设施，护栏有损坏。

②连续长大陡坡路段车速较快，事故易发，交通标志尺寸较小不醒目，急弯路段标志少，信息不连续。

③避险车道标志与现行规范不一致，尺寸较小。

④路面存在病害。

（3）改善措施

①针对半径较小的急弯和收费站西广场改造新增 SS 级钢筋混凝土护栏，同时改造提升路侧波形梁护栏等级。

②在下坡路段适当位置增设减速振动标线，设置急弯下坡减速标志、分车型限速标志、连续下坡标志、减速慢行标志、前方路口标志等，在急弯路段增设线形诱导标。

③将避险车道的标志更换为大型标志，增设避险车道预告标志和避险车道前方提醒排查制动标志等。

④进行路面沉陷和路表处治，改善路面行车安全抗滑性能，同时加大路面养护力度。

G520 国道 K12 ~ K35 段改善方案见图 5-14。

（4）改善效果

通过整改，该路段安全运营水平明显提升，交通事故起数同比下降 50%，死亡人数同比下降 50%，受伤人数同比下降 44%。

图 5-14　G520 国道 K12～K35 段改善方案

3）示例 3：重庆市江津区 G353 国道长陡坡路段

（1）路段概况

G353 国道 K2289＋200～K2289＋900 段，双向四车道，长下坡，坡长 700m，接近坡底处为三岔路口，且有急弯，限速 30km/h，见图 5-15。

图 5-15　G353 国道 K2289＋200～K2289＋900 段概览

（2）安全隐患分析

长下坡、急弯，超载超限货车常发生制动热衰退，行驶至长下坡坡底三岔路口时，车辆较易失控侧翻。

（3）改善措施

①对重型货车进行改道，禁止重型货车驶入长下坡路段，在进入长下坡坡顶前设置货车禁行标志、改道标志、减速警示标志，设置限速标志牌、测速提示牌，提示重型货车驾驶人注意改道、减速。

②在长下坡中安装两组测速卡口系统，配置速度反馈显示屏；设置陡坡、急弯标志，路面连续设置多组减速带、减速振动标线。

③在交叉路口前设置多组减速带，路口中央设置防撞墙、防撞桶。

④在交叉路口安装交通信号灯，并对路口进行渠化，靠近路口段道路设置中央隔离带，防止车辆随意掉头和行人横穿。

G353 国道 K2289 + 200 ~ K2289 + 900 段改善方案见图 5-16。

图 5-16　G353 国道 K2289 + 200 ~ K2289 + 900 段改善方案

（4）改善效果

通过设置重型货车改道、减速警告标志、限速标志、卡口测速、路面减速带、振动标线、交通信号灯、路口渠化，安装中央隔离栏等措施，显著地提升了该路段的安全性。改善后交通事故明显减少，没有发生死亡交通事故。

4）示例4：辽宁省大连市G202国道长陡坡路段

（1）路段概况

G202国道K1694~K1698+748段，双向两车道，坡路、弯道、穿村、铁路桥下路段，限速60km/h，中心施划单黄线，见图5-17。

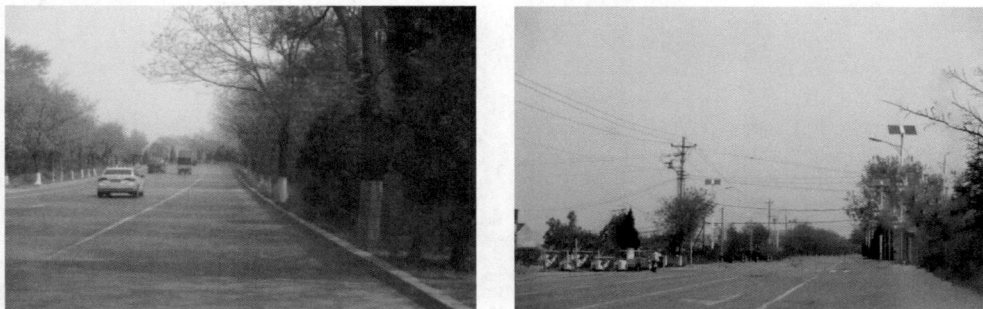

图5-17　G202国道K1694~K1698+748段概览

（2）安全隐患分析

①弯坡路段中心单黄线，车辆违法超车易发生迎面碰撞事故。

②雨、雪、浓雾等恶劣天气弯道、坡路易滑，驾驶人对路况评估不足，车辆有侧滑冲入对向车道和路外的风险。

③下坡路车速较快，特别是大型货车，遇有特殊情况，难以控制车速，易发生交通事故。

④该路段为团雾多发路段。

⑤与梅西线T形交叉路口处，道路平直，受建筑物、树木遮挡，驾驶人不易发现交叉路口，多次发生严重交通事故。

（3）改善措施

①设置团雾易发警告标志，提示驾驶人注意。

②在下坡方向设置减速振动标线，提醒驾驶人减速行驶。

③在路段沿途符合设计规范的路肩区域增设波形梁护栏，减少车辆冲出路外事故。

④增设超速违法抓拍系统，有效降低车辆行驶速度。

⑤在梅西线T形交叉口增设信号灯、电子抓拍设施。

G202国道K1694~K1698+748段改善方案见图5-18。

图 5-18　G202 国道 K1694 ~ K1698 + 748 段改善方案

（4）改善效果

通过设置团雾易发警告标志、路侧护栏、交通信号灯、电子抓拍、减速振动标线等措施，显著地提升了该路段的安全性。改善后交通事故起数同比减少 60%、伤亡人数同比减少 70%。

5）示例 5：福建省宁德市 S202 省道长陡坡路段

（1）路段概况

S202 省道 K22 + 326 ~ K18 + 350 段，为长下坡、小曲线、穿村、视距不良路段，平均纵坡 5.27%，双向两车道，中心施划单黄实线，见图 5-19。

（2）安全隐患分析

①长下坡与小曲线组合路段，容易导致车辆失控侧翻，或冲出路面碰撞左侧建筑发生事故。

②弯道内侧受住宅遮挡，视距不足，驾驶人无法观察前方对向来车情况，发生碰撞的风险较大。

③弯道外侧为住宅，车辆冲出路外的后果较为严重。

图 5-19　S202 省道 K22 +326 ~ K18 +350 段概览

（3）改善措施

公路线形改造，避开村庄，并降低路段纵坡度，见图 5-20。

图 5-20　S202 省道 K22 +326 ~ K18 +350 段改善方案

（4）改善效果

通过路段线形改造，避开了村庄，并降低路段纵坡度，显著提升了路段的通行安全性。改造后，该路段未发生伤亡交通事故。

5.3　线形组合不当路段

线形组合不当可以分为三类，第一类为弯坡组合类型，表现为纵断面线形与平面线形在同一段区域内产生变化；第二类为平面线形在较短距离内发生较大变化，常为曲线与直线衔接不当，突出表现为"卵形曲线"；第三类为弯坡情况下衔接特殊区域的，常见类型表现为桥梁、隧道、涵洞、收费站及服务区等。

5.3.1　排查要点

（1）弯道和坡道同时存在，以及对于弯坡道路短距离内衔接桥梁、隧道、涵洞等构造物，在事故多发情况下可视为弯坡组合路段。

（2）平纵曲线不利指标的连续组合，如"急弯+陡坡""急弯+长坡""连续急弯+陡坡""连续急弯+长下坡""急弯+连续长陡下坡"等。

5.3.2　改善措施

根据道路实际情况，单独或综合采用以下治理措施：

（1）在弯坡路段前设置限速标志，宜视情况设置其他减速设施（如减速标线）。

（2）设置急弯标志、陡坡标志、限速标志。

（3）根据需要设置禁止超车标志、减速设施和其他标志。

（4）根据视距情况施划中心实线。

（5）急弯部分设置线形诱导标或轮廓标。

（6）根据路侧危险程度和事故情况设置护栏及强制减速措施。

5.3.3　案例解析

1）示例1：　福建省福州市G104国道弯坡路段

（1）路段概况

G104国道K2249+680处为弯坡，下坡全长约3.7km，平均坡度3.8%，弯道半径为200m，双向四车道，限速40km/h，中央和路侧均设有波形梁钢护栏，见图5-21。

（2）安全隐患分析

①弯道长下坡坡底路段，超载车辆易因制动热衰退发生危险。

②长坡弯道路段容易发生车辆甩尾事故。

③弯道坡底道路外侧为民房，车辆冲出路外后果严重。

图 5-21　G104 国道 K2249 +680 处概览

（3）改善措施

①在长下坡坡顶设置治超点，杜绝超载车辆进入长下坡路段。

②在长下坡路段设置区间测速设备，预防车辆超速。

③在长下坡路段增设避险车道，预防车辆失控。

④在下坡方向设置车道纵向减速标线、减速振动标线，提醒驾驶人减速行驶。

⑤弯道长下坡坡底路段道路两侧及中央设置水泥混凝土防撞墙，减少车辆冲出路外引发翻坠事故。

G104 国道 K2249 +680 段改善方案见图 5-22。

（4）改善效果

通过设置治超点、区间测速，增设避险车道、防撞墙等安全防护措施，显著地提高了该路段的安全性。改善后，该路段交通事故起数同比减少 30%，伤亡人数同比减少 37.5%。

2）示例 2：福建省漳州市 G324 国道弯坡路段

（1）路段概况

G324 国道 K336 +360 ~ K339 +300 段为弯坡路段（图 5-23），其中：漳浦至漳州下坡长 1490m，在九龙岭路段线形为 S 形急弯、陡坡路段，S 形平面转弯半径只有 100m，纵坡坡度 8.1%，中间直线段只有 140m；漳州至漳浦长下坡长 1450m，在 K338 +500 处有一处急弯，弯道半径约为 150m。

图 5-22   G104 国道 K2249 +680 处改善方案

图 5-23   G324 国道 K336 +360 ～ K339 +300 段概览

（2）安全隐患分析

①九龙岭路段道路建设时间早，现状道路的平纵面线形只能满足《公路工程技术标准》（JTG B01—2014）中三级公路、设计速度 30km/h 的要求。

②该路段的平面、纵面线形组合不满足规范要求，容易造成大型载重车辆制动失效、侧翻、追尾等交通事故。

③现状限速为分车型限速，小型汽车限速 60km/h，大型汽车限速 40km/h，限

速值与道路设计速度存在差距。

④K338＋500 处圆曲线半径小，车行道加宽不够，大型车通过时行车轨迹会侵占紧急停车带，容易与摩托车发生剐撞事故。

（3）改善措施

①将国道 G324 九龙岭路段降坡、减弯、改道，采用隧道方式穿越九龙岭的建设方案，按照一级公路、双向六车道标准设计，改造项目主线全长约 3.96km。

②改造全线设有 2361m 长的隧道 1 座，双洞六车道，设计时速 80km/h，路基宽 33m，沥青混凝土路面，波形护栏 5931m。

G324 国道 K336＋360～K339＋300 段改善方案见图 5-24。

图 5-24　G324 国道 K336＋360～K339＋300 段改善方案

（4）改善效果

该改道项目工程，彻底解决了原九龙岭道路因坡陡弯多事故多发的问题，显著地提升了该路段的安全性。改善后，该路段交通事故起数同比减少 67.22%，死亡人数同比减少 33.3%。

3）示例 3：云南省曲靖市 S206 省道弯坡路段

（1）路段概况

S206 省道 K20～K20＋200 段为急弯、长陡下坡路段，弯道起点位置为凤凰谷景区口，双向两车道，限速 40km/h，见图 5-25。

（2）安全隐患分析

①弯道路段施划单黄实线，但严重磨损难以辨识，车辆违法超车或借道通行容易发生碰撞事故。

②弯道内侧受山体树木遮挡，视距不良，驾驶人无法观察前方对向来车情况，发生碰撞事故的风险较大。

③路面磨损严重，摩擦系数较低，雨天路面较滑，易发生车辆驶出路外翻坠事故。

④弯道两侧为凹地，车辆易冲出路外，后果较为严重。

图 5-25　S206 省道 K20～K20+200 段概览

（3）改善措施

①开挖弯道内侧山体、清除遮挡视线树木，重新铺筑路面，拓宽视距、提高路面防滑性能，在弯道视距不良处施划黄色中心单实线，禁止车辆超车，并在弯道前方同步设置禁止超车标志。

②在景区入口前设置"景区入口"指示标志，提示驾驶人注意。

③在弯道路段设置多组减速振动标线，提醒驾驶人减速行驶。

④弯道两侧设置混凝土护栏、混凝土盖板，减少车辆驶出路外引发的严重事故，提高路侧防护等级。

S206 省道 K20～K20+200 段改善方案见图 5-26。

（4）改善效果

结合弯道路段存在视距较差、车速过快、路侧防护不足等问题，通过开挖弯道内侧山体、清除遮挡视距树木，拓宽视距；通过设置景区指示标志、路侧混凝土护栏、禁止超车标线、减速振动标线等措施，有效提升道路安全性。整改完成后该路段未发生交通事故。

图 5-26　S206 省道 K20 ~ K20 +200 段改善方案

4）示例 4： 江西省赣州市 G323 国道弯坡路段

（1）路段概况

G323 国道 K183 + 130 处，双向两车道、下坡转弯、穿村、视距不良，限速 60km/h，中心施划单黄虚线，见图 5-27。

（2）安全隐患分析

①弯道路段施划单黄虚线，车辆超车或借道通行容易发生碰撞事故。

②弯道内侧受山体以及树木遮挡，视距不足，驾驶人无法观察前方对向来车情况，发生碰撞的风险较大。

③急弯、下坡，事故易发。

（3）改善措施

①在事故易发路段重新施划交通标线，增设线形诱导标志、交通警示灯等设施，强化安全提示警示。

②在弯道视距不良处施划中心实线，禁止车辆超车，在弯道前方同步设置禁止超车标志。

③在下坡方向设置路面减速振动标线，提醒驾驶人减速行驶。

④在弯道外侧设置波形梁护栏，减少车辆驶出路外引发的二次事故。

⑤增设双向"减速慢行"LED 电子显示屏，提醒过往驾驶人减速慢行。

G323 国道 K183 + 130 处改善方案见图 5-28。

图 5-27　G323 国道 K183＋130 处概览　　　　图 5-28　G323 国道 K183＋130 处改善方案

（4）改善效果

通过施划道路中心标线、设置警示提示标志、路侧护栏、线形诱导标志、减速振动标线等措施，显著地提升该路段的安全性。改善后，该路段交通事故起数同比减少80%、伤亡人数同比减少60%。

5）示例5：湖北省神农架 G209 国道弯坡路段

（1）路段概况

G209 国道 K2070～K2080 路段，双向两车道，为弯急、坡陡、路窄、视距不良路段，交通标志标线不完善，中心施划单黄虚线，见图5-29。

图 5-29　G209 国道 K2070～K2080 段概览

（2）安全隐患分析

①路段坡陡、路窄、弯道转弯半径小，车辆转弯超车、会车容易发生碰撞事故和车辆冲出路外事故。

②弯道视距不足，驾驶人无法观察对向来车情况，发生碰撞的风险较大。

（3）改善措施

①全路段扩宽路面，加固防护栏。

②减缓坡度，改造弯道。

③在弯道处设置减速振动标线，提醒驾驶人减速行驶。

④重新设置交通标志、施划交通标线。

G209 国道 K2070～K2080 段改善方案见图 5-30。

图 5-30　G209 国道 K2070～K2080 段改善方案

（4）改善效果

通过采取扩宽路面、减缓坡度、加固路侧护栏、完善标志标线等措施，显著地提升该路段的安全性。改善后该路段发生交通事故起数同比减少 80%、伤亡人数同比减少 75%。

5.4　穿村过镇路段

穿村过镇路段，是指一些穿越城镇的公路除具备公路的集散功能外，还承担了部分或全部的城市道路的功能，兼有公路和城市道路的双重特征，是连接城市交通与城际交通的纽带和桥梁。

5.4.1　排查要点

（1）道路基础设施与承担的交通功能是否匹配，多车道路段是否设置中央隔离设施，机非混行路段是否设置机非隔离设施。

（2）三级及三级以上公路的平面交叉是否进行渠化设计，大型平面交叉口是否按要求设置交通信号灯。

（3）路侧开口、中央分隔带开口是否存在数量过多、间距过小、对交通流干扰较大的问题。

（4）开口路段是否存在视觉盲区，导致驾驶人不易判断和识别。

（5）是否存在路侧建筑物侵占道路、遮挡视线，或存在"马路市场"。

5.4.2 治理对策

根据道路实际情况，单独或综合采用以下治理措施：

（1）兼具城市道路功能的路段，借鉴城市交通管理理念。

完善多车道路段中央隔离设施、机非混行路段机非隔离设施的设置。符合信号灯设置条件的交叉口设置信号灯，大型平面交叉口进行渠化设计。非机动车和行人密集路段尽量增设侧分隔带、非机动车道和人行道，可利用硬路肩、土路肩宽度或边沟加盖等方式。规范设置限速、注意村庄、注意行人等警告标志，行人横穿道路需求集中的路段可设置人行横道线及人行横道警告标志。

（2）规范设置路侧开口、中央分隔带开口。

合理归并路侧开口或中央分隔带开口，通过修剪绿植、移除障碍物改善开口路段的行车视距。横向干扰严重的事故多发路段可设置护栏等设施。在接入口路段设置减速带、交通警示灯或来车预警装置等安全设施。

（3）注意重点路段交通安全设施的设置。

在学校、幼儿园、医院、农贸市场等附近宜设置人行过街设施，可根据行人交通量、道路条件考虑设置交通信号灯、行人二次过街安全岛等。公交停靠站的位置和形式不满足安全要求时，可以根据公交线路走向、道路类型、交叉口交通状况，结合站点类别、规模、用地条件等进行调整。在接近村镇的合适位置，增加警告标志、减速振动标线、交通警示灯等安全设施，提醒驾驶人减速慢行，注意行人。

5.4.3 案例解析

1）示例1：辽宁省丹东市 G201 国道穿村过镇路段

（1）路段概况

G201 国道 K1450 + 100 ~ K1451 路段，双向四车道，东西走向，中心施划双黄线，为丹东东港市过镇路段，交通流量大、交通构成复杂，车辆随意掉头、转弯，行人乱穿道路现象较多，见图5-31。

图 5-31　G201 国道 K1450 + 100 ~ K1451 段概览

（2）安全隐患分析

①道路平直、车道较宽，车速较快，车辆掉头、转弯随意性较大，容易发生交通事故。

②行人横过道路随意性强，缺少过街设施。

③镇区道路车辆乱停乱放现象普遍。

（3）改善措施

①在镇区道路两侧规划停车泊位，其他路段设置禁停标志。

②在进入村镇前设置村庄、限速标志，镇区路段设置人行横道。

③在交通流较集中的路口设置交通信号灯，并在有交通信号灯控制的交叉口之间增设区间测速。

G201 国道 K1450 + 100 ~ K1451 段改善方案见图5-32。

图 5-32　G201 国道 K1450 + 100 ~ K1451 段改善方案

（4）改善效果

通过设置村庄标志、限速标志、减速振动标线、交通信号灯、规划停车位等措施，显著地提升了该路段的安全性。改善后，该路段交通事故起数同比减少38.7%，伤亡人数同比减少29.4%。

2）示例2：云南省昆明市 G108 国道穿村过镇路段

（1）路段概况

G108 国道 K3270 + 600 ~ K3270 + 700 段，双向四车道，为穿村过镇视距不良路段，限速60km/h，中心施划双黄实线，见图5-33。

图 5-33　G108 国道 K3270 + 600 ~ K3270 + 700 段概览

（2）安全隐患分析

①道路中心施划双黄实线，未作物理隔离，车辆超车或借道通行容易发生碰撞事故。

②道路两侧多为住宅、商铺，且开口较为隐蔽，车辆进出时，易与直行车辆发生事故。

③弯道内侧受住宅遮挡，视距不足，驾驶人无法观察前方对向来车情况，发生碰撞的风险较大。

（3）改善措施

①在路段前方设置村庄警告标志，提示驾驶人注意村庄。

②在中心双黄实线处加装中央隔离栏，且不设置开口，有效防范车辆越线行驶、转弯、掉头。

③在视野良好处设置 T 形交叉路口标志，设置车辆慢行警示灯，提醒驾驶人

减速行驶。

G108 国道 K3270＋600～K3270＋700 段改善方案见图 5-34。

图 5-34 G108 国道 K3270＋600～K3270＋700 段改善方案

（4）改善效果

通过设置村庄警告标志、T 形交叉路口标志、车辆慢行警示灯、中央隔离栏等措施，整改后该路段未发生交通事故。

3）示例3：浙江省宁波市 X213 县道穿村过镇路段

（1）路段概况

X213 县道 K21＋115～K21＋735 段位于宁波慈溪市匡堰镇，按照二级公路标准建设，双向四车道，设计速度 60km/h，其中村庄路段限速 30km/h，中心双黄线，两侧设置宽 1.5m 的机非分隔带，无中央物理隔离，见图 5-35。

图 5-35 X213 县道 K21＋115～K21＋735 段概览

（2）安全隐患分析

①该路段为二级公路加宽段，无中央隔离，路况好、车速快。

②道路为匡堰镇重要道路，两侧居民聚集，有大型居民小区和多个自然村，行人过街需求较大，行人横穿道路现象普遍。

③侧分带开口处视线不良，标志标线不完善。

（3）改善措施

①在该路段设置中央隔离栏，分隔对向交通流。

②在小区与村庄人流量大的地方设置人行横道线，使用钢质警示桩禁止机动车通行（转弯、掉头）。

③侧分带开口处绿化进行修剪，消除不良视线，设置让行标志、危险警示灯等，提高路口视认性。

X213 县道 K21+115~K21+735 段改善方案见图 5-36。

图 5-36　X213 县道 K21+115~K21+735 段改善方案

（4）改善效果

通过设置中央隔离栏、人行横道线、危险警示灯等设施，显著地提升了该路段的安全性。改善后，该路段交通事故起数同比减少 50%，伤亡人数同比减少 84%。

4）示例 4：河南省平顶山市 G311 国道穿村过镇路段

（1）路段概况

G311 国道 K496+200 处，双向六车道，机动车、非机动车混合通行，交通标志标线缺失，通行秩序混乱，见图 5-37。

（2）安全隐患分析

①路面宽阔，标志标线缺失，通行秩序混乱，易发生交通事故。

②道路中央及两侧没有隔离设施，机动车、非机动车逆向行驶、横穿道路情况严重。

③三岔路口缺少交通信号灯控制，车辆通行秩序混乱。

图 5-37　G311 国道 K496 +200 处概览

（3）改善措施

①施划车行道线，安装提示标志，提醒过往驾驶人。

②在途经村庄的交叉路口处安装反光柱及减速带。

③在三岔路口处安装交通信号灯和电子抓拍设施。

④在三岔路口处修建导流岛，使机动车、非机动车分道行驶，保证通行秩序良好。

G311 国道 K496 +200 处改善方案见图 5-38。

图 5-38　G311 国道 K496 +200 处改善方案

（4）改善效果

通过对路面进行升级改造，安装、更换配套交通安全设施，显著地提升了该路段的安全性，改善后该路段交通事故起数明显下降。

5） 示例5： 安徽省马鞍山市 G205 国道穿村过镇路段

（1） 路段概况

G205 国道 K1369 ~ K1370 段，双向六车道，周边居民集中，限速 60km/h，机非混行，见图 5-39。

图 5-39　G205 国道 K1369 ~ K1370 段概览

（2） 安全隐患分析

①机动车与非机动车混行，存在严重交通安全隐患。

②中央隔离栏防冲撞效果差，起不到安全防护作用。

③缺少信号灯，路段南侧市场及周边居民过路无安全保障。

④沿线标志标线等交通管理设施缺乏。

（3） 改善措施

①将中央隔离栏改造为波形梁护栏，提升防撞等级，并加装防护网，防止行人翻越护栏。

②优化新农彩路口交通组织方案，完善标志标线、信号灯、电子抓拍等交通管理设施，保障通行安全。

③增设非机动车道，实现机非分离。

④在 G205 国道与江东大道交叉口增设机非分道波形梁护栏，规范非机动车通行。

G205 国道 K1369 ~ K1370 段改善方案见图 5-40。

（4） 改善效果

通过增设非机动车道，提升隔离设施防撞能力，完善信号灯、电子抓拍设施、标志标线等措施，显著地提升了该路段的安全性。改善后，该路段交通事故起数同比减少 50%，伤亡事故起数同比减少 70%。

图 5-40　G205 国道 K1369 ~ K1370 段改善方案

5.5　平面交叉口

平面交叉口，是指道路与道路在同一平面相交的区域，按几何形状分为：十字形平面交叉路口、环形平面交叉路口、X 形平面交叉路口、T 形平面交叉路口、Y 形平面交叉路口、错位平面交叉路口、多路平面交叉路口。

5.5.1　排查要点

（1）平面交叉口未进行渠化设计：①四车道以上的多车道公路的平面交叉必须作渠化设计；②三级公路的平面交叉应作渠化设计；③四级公路的平面交叉当转弯交通量较大时应作渠化设计。

（2）当无交通信号灯的公路平交路口出现以下任一种情况时，即可认为缺乏信号灯控制：①两条交通量均大且功能、等级相同的公路相交；②两相交公路虽有主次之别，但交通量均较大（主要公路双向交通量为 750 辆/h，次要公路单向交通量为 300 辆/h），采用"优先控制"交通控制方式，次要公路车辆难以安全驶入或通过；③主要公路交通量相当大（主要公路双向交通量≥900 辆/h），而次要公路尽管交通量不大，但采用"主路优先"交通管理方式，次要公路上的车辆难以遇到可供驶入的主流间隙而引起不可接受的交通延误，或冒险驶入长度不足的主流间隙而危及安全；④两相交公路的交通量虽未达到上述程度，但有相当数量的行人和非机动车需要穿越路口而引起交通延误，甚至造成阻塞或交通事故；

⑤3 年内平均每年发生 5 起以上交通事故，通过设置信号灯可以避免事故发生；

⑥3 年内平均每年发生 1 起以上死亡交通事故。

（3）两相交公路间，由各自停车视距所组成的三角区内有建筑物、绿植、标志牌等遮挡视线的情况。

（4）夜间视线差、机非混行、交通秩序复杂的路口，排查视认性、照明条件。

5.5.2　治理对策

1）　近期改善措施

（1）采用清、移、疏、防原则改善通视三角区视距。

①清，有条件时清除视距三角区内的视距障碍物，如土丘、山体、废弃物等。

②移，有条件时将视距三角区内的视距障碍物移至视距三角区之外的位置，如树木、房屋等。

③疏，通过修剪、整理，使视距三角区内的树木、绿化等不会影响到驾驶人观察相交道路的车辆运行情况。

④防，受条件限制不能进行清理、移除或整理改善视距的情况，宜通过警示、速度控制等方法，降低视距不良交叉口的风险程度。

（2）明确并合理分配路权，解决交通冲突。

①宜明确交叉口范围内所有交通冲突点的路权，为冲突交通流分配合理的优先通行次序，使得车辆能够安全顺畅地通过交叉口。每个冲突点只能有一股交通流具有优先通行权，其余交通流的车辆必须在冲突点前减速或停车避让具有优先通行权的车辆。在进行路权分配时，应优先考虑为主要道路交通流分配通行权。

②信号灯控制平面交叉口的路权，通过信号灯控制从时间上进行分配。在信号灯控制不能有效划分路权局部区域，应通过设置停车让行或减速让行标志标线等明确路权。

③非信号灯控制的平面交叉口应先确定主要道路和次要道路，然后为主要道路分配优先通行权，对次要道路入口实施减速让行或停车让行控制。

④在右转交通流与直行交通流汇流点的前方宜设置减速让行标志和标线，明确右转车辆让直行车辆。环行交叉口宜在交织环外侧入环位置设置减速让行标志和标线，明确入环车辆让行环内车辆。

⑤相交道路的技术等级和行政等级相同时，应以高峰小时流量为依据确定相应路权，对流量较小的入口实施减速让行或停车让行控制。若相交公路流量较大，经通行能力分析采用减速让行或停车让行控制不能满足需求时，可考虑采用信号控制分配路权。

（3）完善标志、标线、交通岛等渠化设施。

①合理设置左转弯专用道。左转弯交通流在平面交叉中涉及冲突较多，设置左转弯专用车道可降低交通冲突风险。左转弯车辆较多的平面交叉口，可优先考虑增设左转弯专用车道。

②合理设置交通导流岛。交通导流岛是平面交叉主要的渠化设施，合理设置交通导流岛有利于规范车辆行驶轨迹，减少交通冲突，同时可为其他设施设置和行人穿行提供较安全的空间。面域较大的平面交叉、事故较多需要规范车辆轨迹和冲突点的平面交叉、行人较多且穿行距离较长的平面交叉，可根据需要合理设置交通导流岛。

③完善标志标线。在穿村过镇路段或行人较多的平面交叉，设置人行横道；当人行横道长度大于16m时，应在中央设置行人二次过街安全岛。人行横道前宜设车辆停止线，必要时可在其前方路段上设预告或警告标志。设置符合标准规定的导向箭头。在次要公路入口设置停车让行或减速让行标志标线。在平面交叉右转交通导流岛分流端设置两侧通行的交通标志。当车辆容易从交通导流岛分离的右转道出口进入时，在交通导流岛上设置禁止驶入标志。在面积较大或者形状不规则的平面交叉口内设置转弯导流线；出入口直行车行道位置不对应时，设置直行车行道导流线等。

④速度控制。根据实际情况在支路路口设置物理减速设施和相应的标志标线，强制支路车辆在汇入干路之前减速。有事故记录的无信号灯控制平面交叉口和人行道口，可在其前方适当位置设置交通警示灯，急弯且视距不良路段存在平面交叉口时，宜设置交通警示灯。

2） 中远期改善措施

有条件时，调整平面交叉及相邻路段线形。

（1）在斜角平面交叉口，驾驶人较难观察到对向交通流及穿行行人，可调整次要道路引道线形使交叉角接近直角，以消除斜交导致的视距不足。当交叉角小于70°时，可对次要道路在交叉前后一定范围内作局部改线，使交叉角接近直角。

条件受限不能将斜交调整为正交时，可将次要公路改线成间距大于 40m 的两个错位 T 形交叉。

（2）当平面交叉位于凸曲线顶部附近或小半径弯道后方时，容易产生停车视距不足，除采用标志、标线警示外，有条件时可通过平面交叉移位、引道消坡、增加平曲线半径等措施，保障停车视距。

（3）通过合并支路、改线、移位等方式将四支以上交叉改为四支交叉，避免错位交叉和畸形交叉。

（4）次要道路宜以直线或不设超高的大半径曲线接入主要公路；不满足此条件时，宜调整曲线半径或改变接入点位置。

（5）在交叉范围内公路纵坡宜在 0.15% ~ 3% 的范围内；超过此范围时宜调整纵坡或对交叉点进行移位。

（6）在交叉范围适当位置设置照明设施，以提高路口视认性和行车视线。

5.5.3　案例解析

1）示例 1：　湖北省孝感市 G347 国道平面交叉口

（1）交叉口概况

G347 国道 K774 + 700 与长荆大道交叉路口见图 5-41。长荆大道东段为新建的城市道路，双向四车道，自西向东与 G347 国道平交形成 Y 形交叉路口，路口以东紧邻铁路立交桥，桥西为双向四车道，桥东为双向两车道。东西两边向路口呈上坡弧形弯道，为事故多发和视距不足路段。

图 5-41　G347 国道 K774 +700 与长荆大道交叉路口概览

（2）安全隐患分析

①该交叉路口车流量大，直行与转弯车辆容易发生交通事故。

②弯道内侧视距不足，驾驶人不易观察前方对向来车情况，发生碰撞的风险较大。

③交叉路口东边紧邻铁路立交桥，如在路口设置信号灯，容易在桥面造成车辆（特别是重型货车）滞留，影响桥梁安全。

（3）改善措施

①在路口设置三套信号灯，其中一个面向长荆大道东段，第二个 F 杆双面挂灯管控 G347 国道东西方向车辆，第三个设在铁路立交桥以东进行二次灯控，其主要作用是避免车辆在桥面滞留积压，保障桥梁安全。

②设立禁令标志，禁止黄牌货车驶入长荆大道东段。

③施划路面标线，引导车辆通行。

G347 国道 K774 + 700 与长荆大道交叉路口改善方案见图 5-42。

图 5-42　G347 国道 K774 + 700 与长荆大道交叉路口改善方案

（4）改善效果

结合事故多发和存在弯坡道视距不足等问题，通过设置信号灯和禁令标志等措施，显著地提升了交叉口安全性。改善后，该交叉口交通事故起数明显下降。

2）示例 2：江苏省淮安市 G205 国道平面交叉口

（1）交叉口概况

G205 国道江苏淮安段（韩候大道）与黄河西路平面交叉口，东西双向八车道，路口东侧为快速路连接线，西侧为穿村视距不良路段，见图 5-43。

图 5-43　G205 国道与黄河西路平面交叉口概览

（2）安全隐患分析

①该路口西侧设有 50m 的开口，车辆掉头或左转弯时易与直行车辆发生交通冲突，引发交通事故和拥堵。

②该路口东西方向进口车道均设置为从左至右第一车道左转，第二、三车道直行，第四车道右转，遇早晚高峰或节假日期间过往车流量较大，易造成交通拥堵。

③该路口东侧北半幅右转车道标为提前右转设置，易与行人、非机动车冲突。

（3）改善措施

①封闭该路口西侧开口，实行警示桩物理隔离，施划人行横道线，在道路侧分带两侧增设护栏隔离。

②东西双向进口车道由 4 车道增加为 5 车道，调整后的进口车道设置分别为：第一车道左转，第二、三、四车道直行，第五车道右转。

③该路口东侧掉头区后移，且掉头区标线南侧实线、北侧虚线，同时将路口东侧北半幅右转车道标线（实线）延长至指路标志处。

G205 国道与黄河西路平面交叉口改善方案见图 5-44。

（4）改善效果

通过采取施划人行横道线、合理设置配时方案、完善安防设施布置、设置路灯照明等措施，有效消除了安全隐患。2019 年以来，该交叉口未发生死亡交通事故。

图 5-44　G205 国道与黄河西路平面交叉口改善方案

3）　示例 3：　上海市金山区省道 S209 平面交叉口

（1）交叉口概况

上海市 S209 省道（金山大道）与学府路平面交叉口，S209 省道双向六车道、中央分隔带隔离，大型车辆较多；学府路双向四车道、中心施划双黄线，非机动车较多，见图 5-45。

图 5-45　S209 省道与学府路平面交叉口概览

（2）安全隐患分析

该路口缺少有效的交通组织渠化设施，多次发生大型车右转弯未让直行非机动车先行的伤亡事故。

（3）改善措施

①路口加装右转弯硬隔离设施。

②设置非机动车二次过街：通过交通标线标志提示非机动车路口二次过街的

方式，并设置二次过街等候区。

S209 省道与学府路平面交叉口改善方案见图 5-46。

图 5-46　S209 省道与学府路平面交叉口改善方案

（4）改善效果

通过设置警告标志、禁令标志，完善交通标线，右转弯绿化硬隔离等措施，显著提升通行安全性。改善后，该交叉口交通事故起数显著下降，交通事故起数同比减少65%，未发生死亡交通事故。

4）示例4：辽宁省丹东市 G331 国道平面交叉口

（1）交叉口概况

G331 国道 K81 + 200 ~ K81 + 300 段，双向两车道，东西两侧为不规则四岔路口，是穿村视距不良路段，中心施划单黄虚线，见图 5-47。

（2）安全隐患分析

①弯道路段施划单黄虚线，车辆接近 Y 形路口时，反应距离不足，经常发生碰撞事故。

②弯道内侧受建筑物遮挡，视距不足，从村路驶出的和由北向南行驶的驾驶人无法观察前方对向来车情况，经常发生碰撞。

③平面交叉角度小，通视区内视距不良。

图 5-47　G331 国道 K81 +200 ~ K81 +300 段概览

（3）改善措施

①在该路口设置交通信号灯、电子抓拍设施。

②结合信号灯设置，进行路口渠化设计，完善标志标线。

G331 国道 K81 +200 ~ K81 +300 段改善方案见图 5-48。

图 5-48　G331 国道 K81 +200 ~ K81 +300 段改善方案

（4）改善效果

通过设置交通信号灯、电子抓拍设备、标线、渠化设计等，显著提升交叉口安全性。改善后，该交叉口交通事故起数基本为零。

5）示例 5：山东省潍坊市 X118 县道平面交叉口

（1）路段概况

潍坊市 X118 县道（崔张路）与 Y064 乡道（徐王路）平面交叉口，X118 县道路宽 8m，Y064 乡道路宽 7m，均为双向两车道，该路口无信号灯控制，见图 5-49。

图 5-49　X118 县道与 Y064 乡道平面交叉口概览

（2）安全隐患分析

①路口缺少基本的交通标志标线，未进行渠化设计，未设置人行横道线，车辆不注意相互避让，容易发生碰撞事故。

②东西主路未设置交叉路口警告标志，未设置爆闪警示灯，无法警示驾驶人注意前方交叉路口，发生碰撞的风险较大。

③进入路口前，未划设减速振动标线，不能有效抑制车辆进入路前的行驶速度，容易发生碰撞事故。

（3）改善措施

①对平面交叉口进行渠化设计，施划人行横道线。

②东西主路增设交通警示灯，提示驾驶人注意前方交叉路口，减速慢行。

③在南北方向进入路口前，设置减速振动标线，提醒驾驶人减速行驶。

X118 县道与 Y064 乡道平面交叉口改善方案见图 5-50。

图 5-50　X118 县道与 Y064 乡道平面交叉口改善方案

（4）改善效果

通过路口渠化，增设人行横道线、减速振动标线、交通警示灯等，显著提升了交叉口通行安全性。改善后，该交叉口交通事故起数同比减少50%，伤亡人数同比减少60%。

5.6　接入口

接入口，是指道路网中一切可供车辆进行转向操作的道路基本设施及相关附属设施，主要指公路、城市主干道、城市次干道等主路上存在的大量支路、路侧开口与主路接入形成的接入口。

5.6.1　排查要点

（1）主路重点排查是否设置交叉口警告标志、路口警示桩，交叉口是否被遮挡，是否设置减速设施等。

（2）接入道路重点排查是否设置交叉口警告标志、停车让行或减速让行标志标线、减速设施，交叉口视距是否满足等。

5.6.2　治理对策

（1）主路根据实际情况，单独或综合采用以下治理措施：

①设置限速标志、村庄警告标志或注意行人警告标志等。

②设置减速振动标线、警示灯。

③对路侧或中央分隔带开口数量过多、间距过小的路段，进行路口关闭或合并处理。

④设置来车预警装置，通过声光预警支路驾驶人，前方即将有主路来车，请提前减速让行。

（2）接入道路根据实际情况，单独或综合采用以下治理措施：

①接入口安全视距不足的，可在交叉口对向设置凸面镜。

②接入道路进入主路方向为下坡时，可在接入道路上设置减速丘和相应的标志

标线，强制车辆在进入主路前减速。接入道路进入主路方向为上坡时，可结合接入道路的事故、车流、线形等实际情况，对具备条件的路口进行"坡改平"治理。

③接入方式不满足安全要求时，可根据交通流量、道路条件和现场观测情况等，采取禁止左转等交通组织措施。

④对交通事故频发的接入口，可根据现场观测情况、道路条件、事故特征分析等对接入口进行调整。当调整有困难时，应采取设置让行标志标线、警告标志等措施。

5.6.3 案例解析

1）示例1：黑龙江省齐齐哈尔市G231国道接入口

（1）接入口概况

G231国道（嫩双公路）K174+800处，由支路汇入主路，树木遮挡视线，夜间视线不良，标志设置不合理。该接入口主路为双向两车道，中心施划单黄虚线，支路为通村小路，水泥路面，见图5-51。

图5-51　G231国道K174+800处接入口概览

（2）安全隐患分析

①支路汇入路口主路上有树木遮挡视线，若车速过快易发生碰撞事故。

②支路车辆汇入主路受树木遮挡，视距不足，驾驶人无法观察主路上前方来车情况，发生碰撞的风险较大。

③夜间视线不良，易造成主路与支路车辆碰撞事故。

（3）改善措施

①移除支路两侧遮挡视线绿植，保证交叉口通视三角区无遮挡。

②在支路安装减速丘，设置停车让行标志，提醒驾驶人减速。

③在路口安装太阳能路灯，提升夜间行车安全性。

④在主路与支路交叉口施划减速标线，提醒驾驶人减速慢行。

G231 国道 K174＋800 处接入口改善方案见图 5-52。

图 5-52　G231 国道 K174＋800 处接入口改善方案

（4）改善效果

通过采取清除树木遮挡、支路设置减速垄和停车让行标志、路口安装太阳能路灯、主路施划减速标线等措施，显著地提升了接入口安全性。改善后，该接入口交通事故起数同比减少 60%，伤亡人数同比减少 30%。

2）示例 2：安徽省宣城市 X086 县道接入口

（1）接入口概况

安徽省宣城市 X086 县道与刘屯外环路接入口，X086 县道双向两车道，限速 40km/h，中心施划单黄虚线，见图 5-53。

图 5-53　X086 县道与刘屯外环路接入口概览

（2）安全隐患分析

该接入口交通流量较大，无信号灯和标志标线，受住宅遮挡行车视距不良，存在安全隐患，极易诱发交通事故。

（3）改善措施

完善接入口处的交通标志和标线，在主路上安装交通信号灯及电子抓拍设备，对闯灯越线类违法行为进行抓拍。

X086 县道与刘屯外环路接入口改善方案见图 5-54。

图 5-54　X086 县道与刘屯外环路接入口改善方案

（4）改善效果

通过设置路口交通信号灯、安装电子抓拍设备、施划标志标线等措施，显著地提升了接入口通行安全性。改善后，该接入口交通事故起数同比减少 80%，伤亡人数同比减少 60%。

3）示例3：江西省吉安市县道接入口

（1）接入口概况

百高线 K2 + 800 处进韶口圩镇乡道接入口为车流量大路段，见图 5-55。

（2）安全隐患分析

接入路口交通标志缺失、视距不良、车流量大、车速过快，易发生交通事故。

（3）改善措施

①在路口增设前方交叉口警示标志、减速带、交通警示灯，提醒驾驶人注意。

②在主线上设置减速振动标线，提醒驾驶人减速行驶。

③弯道外侧设置护栏，避免车辆驶出路外引发事故。

④安装太阳能路灯，提高夜间视距。

百高线 K2 + 800 处接入口改善方案见图 5-56。

图 5-55　百高线 K2 + 800 处接入口概览　　图 5-56　百高线 K2 + 800 处接入口改善方案

（4）改善效果

通过设置路口警示标志、减速带、减速振动标线等，显著地提升了安全性。改善后，该接入口交通事故起数同比减少 80%，伤亡人数同比减少 90%。

4）示例 4：　西藏自治区拉萨市 G318 国道接入口

（1）接入口概况

G318 国道 K4691 ~ K4692 段，双向两车道，限速 40km/h，中心施划单黄虚线，为穿村路段，存在多处小型接入口，见图 5-57。

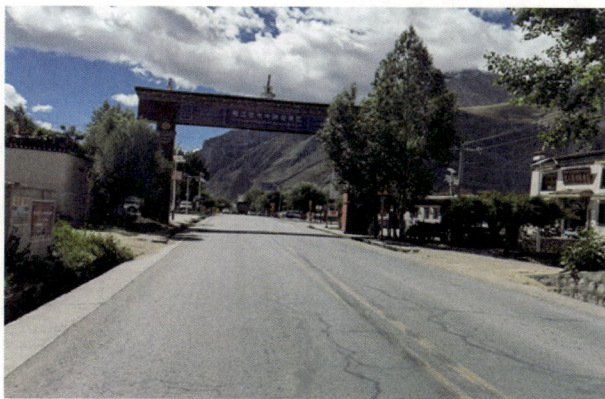

图 5-57　G318 国道 K4691 ~ K4692 段接入口概览

（2）安全隐患分析

①道路两侧植被茂密，视距不良，接入口无明显警示指示标志，车辆汇入主路时容易发生碰撞事故。

②主路为平直道路，易发生超速违法行为，增大事故概率，加重事故后果。

③因车辆随时可能遇到横穿道路的行人及牲畜，采取紧急制动时易发生追尾事故。

（3）改善措施

①施划人行横道线。

②进入村庄两侧设立测速反馈系统。

③要接入口处设立警示灯及减速带。

G318 国道 K4691～K4692 段接入口改善方案见图 5-58。

图 5-58　G318 国道 K4691～K4692 段接入口改善方案

（4）改善效果

通过设置测速反馈系统、施划人行横道线、安装减速带等措施，有效提升了接入口安全性。改善以来，该接入口未发生交通事故。

5）示例 5：黑龙江省哈尔滨市 G102 国道接入口

（1）接入口概况

G102 国道（京抚公路）K1383 处，两侧有祁井屯的村道接入，双向两车道，中心施划单黄虚线，见图 5-59。

图 5-59　G102 国道 K1383 处接入口概览

（2）安全隐患分析

①G102 国道临近路口的交叉路口警示标志缺失，只遗留标志底座，国道与接入道路上的路口标志不一致。

②两侧接入道路临近路口处均存在坡度，车辆行驶接近路口时存在视距盲区。

③接入口路段未设置减速带、交通警示灯。

（3）改善措施

①在 G102 国道上设置交叉路口警示标志、减速振动标线，提示驾驶人注意路口、减速慢行。

②在 G102 国道上安装交通警示灯，提醒驾驶人减速慢行。

③在接入道路上设置停车让行标志、施划停车让行标线，提醒驾驶人注意减速让行。

G102 国道 K1383 处接入口改善方案见图 5-60。

图 5-60　G102 国道 K1383 处接入口改善方案

（4）改善效果

通过设置让行标志、交叉路口标志，施划减速振动标线、网格标线，安装交通警示灯等，显著地提升了该接入口的安全性。

5.7 桥梁

桥梁，一般指架设在江河湖海上，使车辆行人等顺利通行的构筑物。按照受力特点划分为梁式桥、拱式桥、钢架桥、悬索桥、组合体系桥（斜拉桥）五种基本类型；按多孔跨径总长分为特大桥（$L>1000\text{m}$）、大桥（$100\text{m}\leqslant L\leqslant 1000\text{m}$）、中桥（$30\text{m}<L<100\text{m}$）、小桥（$8\text{m}\leqslant L\leqslant 30\text{m}$）。

5.7.1　排查要点

（1）桥梁和桥梁引线的线形连续性、协调性和安全视距，当存在桥头小半径平曲线路段时，还应排查相关的标志、标线、速度控制、照明设施设置情况。

（2）上跨桥梁的桥墩台和上部结构是否影响视距，当上跨桥梁的桥墩台位于中间分隔带或道路建筑限界内时，还应排查桥墩台的防护情况。

（3）桥梁人行道、非机动车道的宽度、坡度、连续性、隔离形式、安全设施等设置是否符合要求。

（4）结合气候条件、桥梁纵横坡度等情况，排查桥面铺装、桥梁与路基衔接路段的抗滑性。

（5）结合气候条件，排查低温或雪天桥面结冰情况。

5.7.2　治理对策

根据道路实际情况，单独或综合采用以下治理措施：

（1）设置限速标志、减速设施、警告标志。

（2）做好桥、路衔接过渡段的防滑过渡处理。

（3）设置桥梁横风警告标志。

（4）设置桥梁防护设施或提升防护等级。

5.7.3　案例解析

1）示例1：贵州省安顺市G320国道桥梁

（1）桥梁概况

G320国道K2196+500处喜客泉大桥，双向八车道，限速80km/h，中分带绿化隔离，见图5-61。

（2）安全隐患分析

①该路段属长下坡，重型车辆容易因制动摩擦部件过热，导致制动性能热衰

退直至失效，造成追尾事故。

②在凝冻天气容易造成桥梁路面结冰，导致车辆失控。

③因地形原因，该路段容易起雾，严重影响车辆行车视线。

图 5-61　G320 国道 K2196 +500 处桥梁概览

（3）改善措施

①在下坡方向设置减速振动标线，提醒驾驶人减速行驶。

②增设局部气象监测和预警系统，自动发现低温、起雾等恶劣天气，并通过显示屏的文字，提示驾驶人注意。

G320 国道 K2196 +500 处桥梁改善方案见图 5-62。

图 5-62　G320 国道 K2196 +500 处桥梁改善方案

（4）改善效果

通过设置减速振动标线、恶劣天气监测预警系统等，该桥梁交通事故起数同比减少 70%，伤亡人数同比减少 90%。

2） 示例2： 重庆市黔江区 G319 国道桥梁

（1）桥梁概况

G319 国道 K2186＋400 处沙湾特大桥段，双向两车道，桥梁全长 223m，沙湾特大桥与香山隧道直线相连，路段限速 40km/h，中心施划单黄实线，边缘有白色单实线，设有危险警告标志、桥梁标志、路口标志，引桥有两道减速垄，香山隧道内有三道减速垄，见图 5-63。

图 5-63　G319 国道 K2186＋400 处桥梁概览

（2）安全隐患分析

①香山隧道内及与沙湾特大桥连接部分的路面抗滑性能不足。

②沙湾特大桥与香山隧道为下坡连接，坡度为 1.5%，存在因车速过快碰撞隧道洞口的风险。

（3）改善措施

①提高沙湾特桥梁路缘石高度，在路缘石边缘加装钢架防护栏。

②加固沙湾特桥梁的防护栏。

③在香山隧道内设置测速设备，设置振动标线，降低车辆行驶速度。

④提高桥隧连接部分的路面摩擦系数。

G319 国道 K2186＋400 处桥梁改善方案见图 5-64。

（4）改善效果

通过设置测速设备、提高路缘石高度、加装钢架防护栏、加固桥梁防护栏、提高路面摩擦系数等，显著地提升了桥梁安全性。改善后，该桥梁交通事故起数、伤亡人数同比大幅度下降。

图 5-64　G319 国道 K2186 +400 处桥梁改善方案

3） 示例 3： 云南省保山市 S240 省道桥梁

（1） 桥梁概况

S240 省道 K43 +746 处固东大桥段，双向两车道，桥面总宽 12m，车行道宽 9m，见图 5-65。

图 5-65　S240 省道 K43 +746 处桥梁概览

（2） 安全隐患分析

依据桥梁技术状况检测报告，固东大桥上部主要承重构件（空心板）评定为四类，属于危桥，且桥面两侧防护栏为石质材料，桥侧安全防护强度等级不足。

（3） 改善措施

①拆除现有桥面铺装、人行道及护栏，改为 13cm C50 现浇钢筋混凝土板 + 7cm 沥青混凝土铺装。

②重做钢筋混凝土墙式护栏，在护栏上粘贴立面反光警示牌。

③对底板出现纵向裂缝空心板的底端钻孔排水。

④更换全桥支座和伸缩缝、施划路面中心标线、减速振动标线。

S240 省道 K43 + 746 处桥梁改善方案见图 5-66。

图 5-66　S240 省道 K43 + 746 处桥梁改善方案

（4）改善效果

通过扩宽桥面有效路面宽度，设置混凝土墙式护栏，重新施划路面标线，粘贴立面标记、警示标志，增加夜间行车提示警示；通过桥面钻孔排水，避免桥面积水，提高桥梁通行安全性。

4）示例4：　云南省红河州 G553 国道桥梁

（1）桥梁概况

G553 国道 K69 + 290 处与 G245 国道 K1972 + 870 处呈"Y"形路口，G553 国道为桥梁，无法扩宽路面，路口转弯半径较小，见图 5-67。

图 5-67　G553 国道 K69 + 290 处桥梁概览

（2）安全隐患分析

"Y"形路口转弯半径较小，大型车辆在此变更路线时转向较为困难，易造成道路交通拥堵，交通事故频发，存在重大道路安全风险隐患。

（3）改善措施

①对"Y"形路口进行扩宽改造。

②重新铺设沥青路面，进行交叉口渠化设计。

③设置视频监控设备，对路口车辆通行情况进行实时管理，防止交通拥堵。

G553国道K69＋290处桥梁改善方案见图5-68。

图5-68　G553国道K69＋290处桥梁改善方案

（4）改善效果

通过采用扩宽改造、渠化标线、设置标志等措施，显著地提升了该路段通行安全性。改善后，该路段交通事故起数同比减少70%，伤亡人数同比减少40%。

5）示例5：贵州省黔南州S206省道桥梁

（1）桥梁概况

S206省道K259＋995处为桥梁，双向两车道，路侧防护不足，限速20km/h，中心未施划标线，见图5-69。

（2）安全隐患分析

①该桥梁连接天文小镇和克度街，常有外地车辆通行，由于不熟悉路况，存在一定交通安全风险。

②桥梁桥面距水面高差5m，车辆冲出桥面的后果较为严重。

（3）改善措施

①拆除原有桥梁护栏，重新设置加强型波形梁钢护栏。

②在桥梁两端增设减速振动标线，提醒过往驾驶人控制车速。

③在桥梁两端增设警示灯，桥面中心施划热熔型单黄实线。

S206 省道 K259+995 处桥梁改善方案见图 5-70。

图 5-69　S206 省道 K259+995 处桥梁概览　　图 5-70　S206 省道 K259+995 处桥梁改善方案

（4）改善效果

通过设置桥侧护栏、中心黄实线、减速振动标线等，显著地提升了桥梁安全性。改善后，该桥梁交通事故起数同比减少80%，伤亡人数同比减少70%。

5.8　隧道

隧道，一般指修筑在地下（或贯穿山体），供机动车通行或兼具非机动车、行人通行功能的道路构造物。按隧道长度的不同，可分为特长隧道（$L > 3000\text{m}$）、长隧道（$1000\text{m} \leqslant L \leqslant 3000\text{m}$）、中长隧道（$500\text{m} < L < 1000\text{m}$）和短隧道（$L < 500\text{m}$）四类。此外，隧道按其修剪所处地貌不同，还可分为山岭隧道、水下隧道；按其横断面形状不同分为圆形、椭圆形、马蹄形等。

5.8.1　排查要点

（1）隧道洞口路段线形是否连续、安全视距是否满足。

（2）隧道洞口外接线横断面与隧道横断面衔接过渡是否顺畅。

（3）隧道内监控、交通信号灯、通风等设施的设置是否完好。

（4）隧道洞门是否设置立面标记、隧道洞口路侧护栏是否延伸到隧道洞内。

（5）隧道洞口亮度及照明过渡是否符合安全要求。

（6）隧道内人行道、非机动车道的设置、宽度、坡度、连续性、隔离形式等是否存在问题。

（7）隧道内紧急停车带、逃生通道、紧急电话、消防设施等应急设施及指示标志的设置情况。

（8）隧道内车行横通道或人行横通道设置的位置、数量和角度等是否满足紧急情况下的通行需求。

（9）隧道内紧急停车带的长度、宽度、进出过渡段设置等是否满足大型车辆的停车需求。

5.8.2　治理对策

根据道路实际情况，单独或综合采用以下治理措施：

（1）隧道入口前根据隧道长度和线形、交通情况、隧道前后路段线形情况，选择设置以下标志：隧道标志、限高标志、限速标志、禁止超车标志等。

（2）改善路面抗滑性能，隧道进出口衔接过渡段防滑过渡处理。

（3）隧道内宜配合标线设置反光突起路标，双向行车的隧道内应施划反光性能较好的黄色中心实线。

（4）若隧道内存在连续下坡，可在隧道入口前一定距离设置连续下坡的警告标志。

（5）设置必要的视线诱导设施，如主动发光诱导设施。

（6）隧道洞口可根据具体情况设置必要的安全防护设施，并做好连接过渡处理。

（7）加强隧道内视频监控，及时发现交通违法、突发事件、交通事故。

5.8.3　案例解析

1）示例1：　浙江省温州市S331省道隧道

（1）隧道概况

S331省道K52+600～K55+900段为杨家岭隧道，全长3.3km，双向两车道，限速60km/h，中心施划单黄实线，见图5-71。

图 5-71   S331 省道 K52 +600 ~ K55 +900 段隧道概览

（2）安全隐患分析

①视线不良，车辆超车容易发生碰撞事故。

②该路段为混合交通，车流量大，发生事故后果较为严重。

（3）改善措施

①在隧道内安装移动式交通监控设备、增设语音警示，抓拍违法变道车辆，发生突发事件时实时观察事故现场并进行远程指挥。

②优化照明设施，改善通风系统，改善诱导标识。

③隧道口前设置"低速三轮车"禁止通行标志。距离隧道口 500m 设置电子显示屏，曝光隧道内违法车辆。

S331 省道 K52 +600 ~ K55 +900 段隧道改善方案见图 5-72。

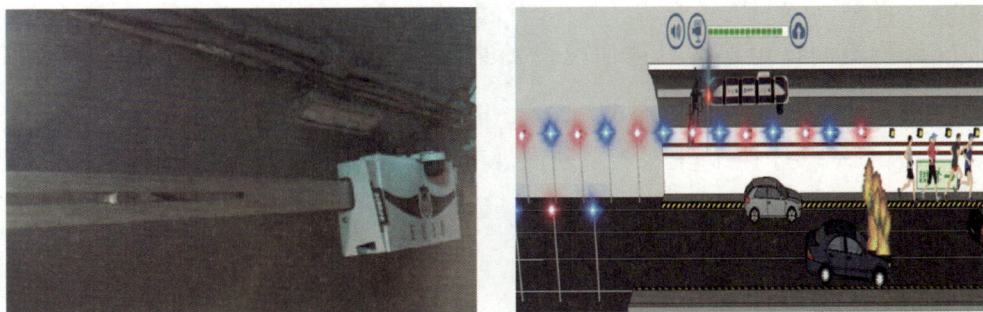

图 5-72   S331 省道 K52 +600 ~ K55 +900 段隧道改善方案

（4）改善效果

通过设置违法抓拍系统、语音播报系统，增设禁令标志、警告标志，改善通风系统、诱导标识等，显著地提升了该隧道的安全性。改善后，该隧道交通守法率提升至95%，事故起数同比减少42%，未发生死亡事故。

2）示例2：重庆市石柱自治县G211国道隧道

（1）隧道概况

G211国道打风坳1号隧道，双向两车道，中心施划单黄实线，见图5-73。

图5-73　G211国道打风坳1号隧道概览

（2）安全隐患分析

①无限高、限宽标志，不利于驾驶人掌握隧道基本情况，容易发生车辆碰撞隧道构造物的事故。

②隧道洞内照明不良、标志不清晰，造成驾驶人视觉上的反差，使驾驶人无法观察前方对向来车情况，发生碰撞的风险较大。

（3）改善措施

①在隧洞入口处增加限高、限宽标志，提醒驾驶人注意限高限宽。

②在隧洞内增加主动发光设施，减少驾驶人进出隧道视觉错觉。

③进入隧道前路段设置减速振动标线，提醒驾驶人减速行驶。

G211国道打风坳1号隧道改善方案见图5-74。

图5-74　G211国道打风坳1号隧道改善方案

（4）改善效果

通过设置限高限宽标志、隧洞照明、增加减速带及防滑耐磨层等，显著地提升了隧道安全性。改善后，该隧道交通事故起数同比减少 70%，伤亡人数同比减少 25%。

3）示例 3：福建省泉州市 S215 省道隧道

（1）隧道概况

S215 省道 K319 处朋山隧道，隧道外路段单向三车道，隧道内路段单向两车道，为进隧道口车道数突然减少路段，限速 50km/h，见图 5-75。

图 5-75　S215 省道 K319 处朋山隧道概览

（2）安全隐患分析

①隧道外单向三车道，隧道内单向两车道，虽隧道口设有立面轮廓标，但仍存在车辆碰撞隧道口的事故风险。

②隧道口无导流标线、反光诱导标引导车辆提前变道，易导致车辆碰撞隧道口立面或临时变道发生车辆刮擦事故。

（3）改善措施

①在隧道口车道渐变段设置水泥墩防撞隔离护栏，并附着设置反光诱导标志，在护栏端头放置反光防撞砂桶。

②施划导流标线，组织引导车辆提前变道，避免车辆直接碰撞隧道口立面，或临时变道发生车辆刮擦事故。

S215 省道 K319 处朋山隧道改善方案见图 5-76。

图 5-76　S215 省道 K319 处朋山隧道改善方案

（4）改善效果

通过设置水泥混凝土防撞护栏、反光诱导标、反光防撞砂桶、施划导流标线等措施，显著地提升隧道安全性。改善后该隧道交通事故起数同比减少 22.22%，伤亡人数同比减少 28.57%。

4）示例4：　浙江省台州市 G351 国道隧道

（1）隧道概况

G351 国道 K28 +734 ~ K29 +042 段凤凰山隧道，双洞单向两车道，限速 80km/h，施划白色虚线，如图 5-77 所示。

图 5-77　G351 国道 K28 +734 ~ K29 +042 段凤凰山隧道概览

（2）安全隐患分析

①隧道内机非混合通行，容易发生剐蹭，存在安全隐患。

②隧道内照明不足，视觉条件较差，容易导致驾驶人出入隧道时产生瞬盲。

③隧道内视线诱导效果不好，容易引起驾驶人对速度、距离的误判，增加事故发生概率。

（3）改善措施

①设置机非隔离护栏，引导机动车与非机动车有序通行。

②增设隧道顶灯，改善隧道内视觉环境。

③增设隧道电子轮廓标，增加隧道安全行车诱导功能。

④在隧道进出口设置减速振动标线，提醒驾驶人减速慢行。

G351国道K28+734~K29+042段凤凰山隧道改善方案见图5-78。

图5-78　G351国道K28+734~K29+042段凤凰山隧道改善方案

（4）改善效果

通过增设隧道顶灯、机非隔离护栏、电子轮廓标（诱导灯）、减速振动标线等，显著地提升了该隧道的安全性。

5）示例5：福建省三明市S306省道隧道

（1）隧道概况

S306省道K326+290处隧道，单孔，长2.5km，双向两车道，中心施划双黄实线，如图5-79所示。

（2）安全隐患分析

隧道洞口前未设置过渡护栏，隧道内存在标线部分磨损、缺失，灯光昏暗，无监控设施，灰尘多等。

（3）改善措施

①隧道内增设车辆变道抓拍系统，在隧道外部增设交通卡口系统和视频监控系统。

②更新隧道洞口立面标记。

③增设隧道 T 型反光标志，重新施划标线。

④完善隧道洞口两侧防撞护栏。

S306 省道 K326 + 290 处隧道改善方案如图 5-80 所示。

图 5-79　S306 省道 K326 + 290 处隧道概览　　图 5-80　S306 省道 K326 + 290 处隧道改善方案

（4）改善效果

通过重新施划隧道洞口立面标记、交通标线，完善洞口防撞护栏，设置违法变道抓拍系统等，显著提升了隧道的通行安全。自 2019 年改造以来，隧道未发生交通事故。

5.9　路侧险要路段

路侧险要路段，是指路肩挡墙、陡于 1∶3 的填方边坡、路侧陡崖或深沟高度大于一定值（一般为 6 ~ 8m）等临崖路段，或路侧一定距离（一般为 2 ~ 5m）内有长水深 0.5m 以上的水体（含江河、湖泊、水库、沟渠）等临水路段，以及邻近干线公路、铁路等的路段。

5.9.1　排查要点

（1）是否按照设计要求设置路侧护栏，护栏防撞等级是否符合要求。

（2）护栏是否连续，护栏高度、最小长度、立柱间距和护栏端头处理方式等是否符合要求。

（3）若存在不同构造物、不同刚度护栏的衔接，需要排查护栏的衔接与过渡是否合理。

（4）排查护栏使用年限，若波形梁护栏临近或超过使用年限需要，评估护栏的防撞性能。

（5）排查轮廓标间距和位置、警告标志位置等是否合理。

（6）核查轮廓标、护栏、防撞墩及警示柱有无破损及锈蚀，轮廓标、护栏等防护设施的紧固件有无松动及缺失情况。

5.9.2　治理对策

1）完善和优化交通安全设施

（1）设置临水、临崖路段警告标志，提示前方路况。

（2）设置或优化限速标志，配套设置解除限速标志。

（3）设置减速标线，或者其他物理减速措施。

（4）设置临水、临崖路段轮廓标且适当加密。

2）增设或加强安全防护设施

（1）对事故风险突出的路段，设置高等级的波形梁护栏或混凝土护栏。

（2）加长防护栏立柱以确保足够埋深，加大立柱密度。

（3）夯实立柱周围的土石。

3）提高安全行车条件

（1）优化临水、临崖路段线形组合设计，避免出现急弯陡坡。

（2）拓展路侧净区宽度，清除路侧净区内障碍物或设置护栏。

5.9.3　案例解析

1）示例1：云南省丽江市G353国道路侧险要路段

（1）路段概况

G353国道K3526+600～K3536+770段，路线全长10.17km。为山区三级公路，临崖、临河（水）、弯多路窄，为高落差路段，基础设施差，限速30km/h，如图5-81所示。

图 5-81　G353 国道 K3526 +600 ~ K3536 +770 段概览

（2）安全隐患分析

①该路段为山区三级公路，弯多路窄、临崖、临水，地质灾害多，落差大。

②路侧安全防护设施薄弱，防撞能力不足，翻坠车交通事故频发，为事故多发路段。

（3）改善措施

①在弯道、临崖临水路段、危险路段等地方设置警示标志，提示驾驶人仔细观察路段、注意行车安全。

②在弯道、临崖、临水外侧设置波形梁护栏、混凝土护栏、线形诱导标志、浆砌石挡土墙等，有效预防和减少车辆驶出路外事故发生。

G353 国道 K3526 +600 ~ K3536 +770 段改善方案如图 5-82 所示。

图 5-82　G353 国道 K3526 +600 ~ K3536 +770 段改善方案

（4）改善效果

通过设置警告标志、路侧护栏、路缘工程修复等，显著提升了该路段的安全性。改善后，该路段交通事故起数同比减少60%，伤亡人数同比减少30%。

2）示例2： 贵州省黔南州 G321 国道路侧险要路段

（1）路段概况

G321 国道 K1048＋135～K1048＋905 段，双向两车道，为临水临崖路段，限速 40km/h，中心施划单黄虚线，如图 5-83 所示。

（2）安全隐患分析

①该路段临水临崖，路侧原有水泥防撞墩，老旧失修。

②路侧距水面 8m，车辆冲出路面的后果较为严重。

（3）改善措施

①清理路侧原有防护设施，新设置加强型波形梁钢护栏。

②在路侧设置临水临崖、连续弯道警示标志。

③重新施划路面标线，在视距不良路段施划单黄实线。

G321 国道 K1048＋135～K1048＋905 段改善方案如图 5-84 所示。

图 5-83　G321 国道 K1048＋135～K1048＋905 段概览

图 5-84　G321 国道 K1048＋135～K1048＋905 段改善方案

（4）改善效果

通过重新设置路侧护栏、临水临崖、连续弯道警示牌、修复道路标线等措施，显著地提升了路段安全性，改善至今未发生翻坠事故。

3）示例3： 云南省昆明市 G213 国道路侧险要路段

（1）路段概况

G213 国道策磨线 K3152＋938～K3153＋156 段，双向两车道，为高落差临崖路段，车流量大，过往大型车辆较多。道路限速为小型车辆 80km/h、其他车辆 60km/h，中心施划单黄虚线，临崖侧为波形梁钢护栏，如图 5-85 所示。

图 5-85　G213 国道 K3152 +938 ~ K3153 +156 段概览

（2）安全隐患分析

下坡临崖路段，落差较高，仅设置有波形梁钢护栏，安全防护等级明显不足，车辆失控侧滑碰撞护栏后驶出路面引发翻坠车事故风险较高。

（3）改善措施

拆除原有波形梁钢护栏，整体重新浇筑混凝土防护墙，墙体附着轮廓标。

G213 国道 K3152 +938 ~ K3153 +156 段改善方案如图 5-86 所示。

图 5-86　G213 国道 K3152 +938 ~ K3153 +156 段改善方案

（4）改善效果

通过拆除原有波形梁钢护栏，增设混凝土防护墙、完善线形诱导等，显著地提升该路段的安全防护等级。改善后，交通事故起数同比减少 33.33%，未再发生翻坠车事故，伤亡人数减少 100%。

4） 示例4： 贵州省黔南州 S203 省道路侧险要路段

（1） 路段概况

S203 省道（星展线）K31+50 处为临水路段，设有急弯标志、施划单黄实线，路侧设置防撞墩，如图 5-87 所示。

（2） 安全隐患分析

①弯道路段外侧临水临崖，路侧防护设施落后缺失，夜间视线不良，防护设施无反光警示标识易发生碰撞。

②弯道内侧受山体遮挡，视距不足，且为下坡路段，车速过快。

③弯道外侧为坎坡，防护设施缺失，车辆冲出路面的后果较为严重。

（3） 改善措施

①在上下坡方向设置减速振动标线，提醒驾驶人减速行驶。

②弯道外侧重新设置波形梁钢护栏，附着警示标识，减少车辆驶出路面引发事故的概率。

S203 省道 K31+50 处改善方案如图 5-88 所示。

图 5-87　S203 省道 K31+50 处概览　　　　图 5-88　S203 省道 K31+50 处改善方案

（4） 改善效果

通过重新设置路侧护栏（波形梁钢护栏）、减速振动标线等，显著地提升该路段安全性。改善后，该路段交通事故起数明显减少。

5） 示例5： 湖南省湘西州县道路侧险要路段

（1） 路段概况

保靖县迁清公路（县道）K2～K4+950 段，双向两车道，为山区临水临崖路段，限速 20km/h，如图 5-89 所示。

图 5-89　迁清公路 K2 ~ K4 +950 段概览

（2）安全隐患分析

①弯坡路段多，视距不良，车辆超车或借道通行易发生交通事故。

②临水临崖路段，路侧防护设施不足，车辆冲出路外易发生坠崖坠河事故。

③边坡落石，严重威胁过往车辆、行人安全。

④限速标志缺失，车辆超速行驶肇事风险突出。

（3）改善措施

①针对连续下坡、急弯、陡坡、视距不良的问题，增设警示标志，对影响视线的实物进行最大限度的清除。

②针对路侧防护设施不足的问题，在险要地段增设防护墙。

③针对落石问题，采取挂网、清理危石措施加强安全防范。

④针对限速标志缺失问题，增设限速警示牌。

⑤安排专人对路段进行养护巡逻管理，及时处理出现的各种问题。

迁清公路 K2 ~ K4 +950 段改善方案如图 5-90 所示。

图 5-90　迁清公路 K2 ~ K4 +950 段改善方案

（4）改善效果

通过增设限速、注意落石等标志牌，增加挂网防落石，增设水泥防护栏等，该路段通行秩序明显改善，安全性明显提升。改善后，该路段交通事故起数同比减少 10%、伤亡人数同比减少 44.5%。

5.10 横断面突变路段

横断面突变路段，是指由于地形条件变化、交通管制等因素，车道数量或车道宽度发生变化的路段，一般发生在平面交叉口、施工路段、隧道和桥梁的入口和出口、服务区入口、收费站入口、地形变化地段等地点。

5.10.1 排查要点

排查道路横断面形式、车道宽度、车道数等变化的衔接过渡是否合理。

（1）在同一条路段上，车道数发生变化，形成交通瓶颈。

（2）桥梁上的车道数与相接路段上的车道数不一致。

（3）两条相接的道路，车道数一致，但车道未按原来线形延伸，发生错位。

（4）车道宽度发生变化，存在宽路接窄桥/隧道/涵洞、宽桥/隧道/涵洞接窄路等问题。

5.10.2 治理对策

根据道路实际情况，单独或综合采用以下治理措施：

（1）设置窄路、窄桥等警告标志，或车道数变少标志。

（2）设置限速和禁止超车标志，视需要设置相应的解除标志。

（3）设置合理的过渡段标志标线。

（4）视实际需要设置防护设施或诱导设施。

5.10.3 案例解析

1）示例 1：安徽省阜阳市 G105 国道横断面突变路段

（1）路段概况

G105 国道 K896 + 100 处（市政公路连接点），道路突然由宽变窄，见图 5-91。

南侧道路为双向 8 车道，中央绿化带隔离，设有照明设施；北侧道路双向 2 车道，中心施划单黄虚线，限速 60km/h，无照明设施。

图 5-91　G105 国道 K896＋100 处概览

（2）安全隐患分析

①道路由向双向 8 车道突然收窄为双向 2 车道，加之部分外地车辆驾驶人路况不熟，车速过快，极易使得车辆冲出路面。

②夜间道路一侧有路灯照明（市政道路），另一侧无路灯照明（G105 国道），光线由明变暗，容易使驾驶人出现视错觉，导致判断失误。

③此路段交通环境复杂，紧靠近八里店小学入校路口，且附近居民住宅均沿路分布，非机动车、行人上路通行频繁，车辆冲出路面的后果较为严重。

（3）改善措施

①在道路沿线提前设置道路由宽变窄、注意儿童、靠右行驶等标志，提示过往车辆驾驶人。

②设置波形梁钢护栏、防撞桶、反光导向标志（LED 导向箭头），施划热熔导流标线。

③由宽变窄处北侧设置照明设施（增设四处太阳能路灯）。

G105 国道 K896＋100 处改善方案如图 5-92 所示。

（4）改善效果

通过施划减速振动标线、热熔导流标线、反光导向标志，安装波形护栏，粘贴反光标识，安装太阳能路灯，显著地提升了该路段的安全性。改善后，该路段交通事故起数明显下降。

图 5-92　G105 国道 K896＋100 处改善方案

2）示例2：上海市青浦区 S224 省道横断面突变路段

（1）路段概况

S224 省道（嘉松中路）与 G50（嘉松路）收费站相接成 T 字形路口，该路口距离收费站仅 200m，如图 5-93 所示。嘉松中路南北向为双向八车道。G50 嘉松路收费站是上海郊区进入市区的重要节点，导致该路口在高峰时段路口堵塞。

图 5-93　S224 省道嘉松中路段概览

（2）安全隐患分析

①早高峰南进口右转进入 G50 的车流量集中，路段间车辆行驶较缓慢，排队严重，平均排队长度达 450m，路口还有回溢情况发生。

②车道合并和车流交汇处易发生车辆抢道导致的拥堵，或发生碰擦等交通事故，造成行车秩序混乱导致路段通行效率下降。

（3）改善措施

①嘉松中路南向路段中，公交站台区域实线改虚线。

②原南进口右转位置擦除导流线，增划一条右转车道。

③南进口右转方向增加一组控右灯组。

④东出口处导流线擦除，增划一条直车行道。

⑤北进口两条左转车道增划待转区。

S224 省道嘉松中路段改善方案如图 5-94 所示。

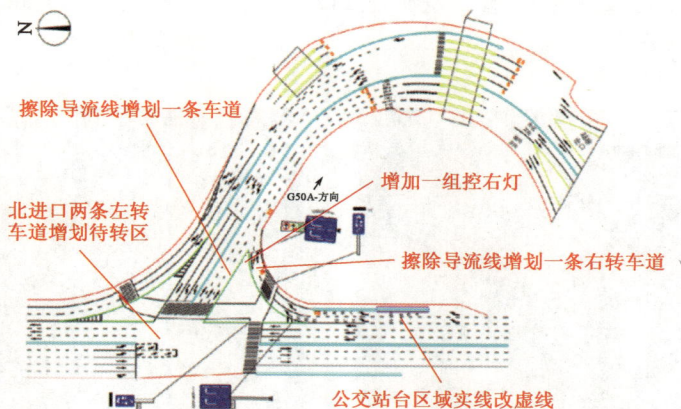

图 5-94　S224 省道嘉松中路段改善方案

（4）改善效果

优化后多股车流交汇路段安全隐患被消除，南进口和北进口的路段到路口直至收费站的行车更加有秩序。早高峰时段，路段通行量日均增加了 184 辆，平均增幅为 16.7%；收费站日均通行量增加了 145 辆，平均增幅为 6.9%。

3）示例3：江苏省苏州市县道横断面突变路段

（1）路段概况

环太湖大道（县道）胥渔路至东山宾馆段，双向四车道，全段共有 6 处急弯路段，存在车道数或宽度突变情况，限速 30km/h，中心施划双黄实线，如图 5-95 所示。

图 5-95　环太湖大道胥渔路段概览

（2）安全隐患分析

由北往南的机动车道分隔线采用白实线，易造成误导，机动车易行驶到非机动车道上，造成安全隐患。

（3）改善措施

设置车道变宽及变窄标志，重新施划地面标线。环太湖大道胥渔路段改善方案如图 5-96 所示。

图 5-96　环太湖大道胥渔路段改善方案

（4）改善效果

通过设置车道变宽变窄标志、重新施划地面标线等，显著地提升了该路段的安全性。改善后，该路段交通事故起数同比减少 50%，未发生死亡交通事故。

4）示例4：江西省宜春市 S218 省道横断面突变路段

（1）路段概况

S218 省道 K278＋730 处，原为双向两车道，连接跨铁路公路桥，急弯路段，见图 5-97。为便于将来跨铁路公路桥拓宽建设，遂将连接桥梁东侧路段加宽（改为双向四车道），长度约 200m。路段形成由窄变宽再变窄情形，桥梁两侧设置 1.6m 高防护墙。

（2）安全隐患分析

①原高架桥未与拓宽道路同步建设，产生了道路由宽变窄（对向由窄变宽）的状态，易使驾驶人产生错觉，极易造成行车危险。

②急弯路段南侧防护墙较高，使得视距不良。

③安全防护设施不全，指示标志设置不规范。

图 5-97　S218 省道 K278 +730 处概览

（3）改善措施

①在加宽路段设置波形护栏隔离，使车辆按原有道路断面通行，并设置弯道线形诱导标志，提醒驾驶人注意线形变化。

②弯道盲区加装凸面镜，使车辆驾驶人能够及时发现对向来车。

③弯道处施划中心黄实线，安装电子抓拍系统，禁止车辆跨越中心黄实线行驶。

④弯道前后施划减速振动标线，提醒驾驶人减速行驶。

S218 省道 K278 +730 处改善方案如图 5-98 所示。

图 5-98　S218 省道 K278 +730 处改善方案

（4）改善效果

通过加装弯道线形诱导标志、施划中心黄实线、安装电子抓拍系统、施划减速振动标线等，显著地提升了该路段的安全性。

5）示例5：新疆巴音郭楞州 G218 国道横断面突变路段

（1）路段概况

G218 国道 K682 +100 ~ K682 +300 段，由四车道变为窄桥，中心施划双黄线，道路变窄，视距不良，存在安全隐患，见图5-99。

图 5-99　G218 国道 K682 +100 ~ K682 +300 段概览

（2）安全隐患分析

①过桥的大货车流量大，小型车辆和大型车辆同时行驶在两车道上存在事故风险。

②夜间无路灯，视距不佳，驾驶人无法观察前方对向来车情况，发生车辆碰撞的风险较大。

（3）改善措施

①在窄桥前设置"道路变窄"提示标志，提醒过往驾驶人注意前方道路变窄。

②在窄桥前设置爆闪警示灯，提醒过往驾驶人谨慎驾驶。

G218 国道 K682 +100 ~ K682 +300 段改善方案如图5-100所示。

图 5-100　G218 国道 K682 +100 ~ K682 +300 段改善方案

（4）改善效果

通过设置警告标志，提前告知过往驾驶人路面状况，起到有效的警示作用，避免了交通事故发生。

5.11 施工路段

施工路段，是指在道路上从事长期、短期、临时或移动维修养护作业，对交通运行效率或安全有影响的路段。

5.11.1 排查要点

（1）需要占用、挖掘道路，或者跨越、穿越道路架设、增设管线设施的，是否经过交通运输部门审批；影响交通安全的，是否经过公安机关交通管理部门审批。

（2）施工作业单位是否在经批准的路段和时间内施工作业，并在距离施工作业地点来车方向安全距离处设置明显的安全警示标志，采取防护措施。

（3）施工路段设置的施工距离提示标志、限速标志、改道标志以及隔离设施等，位置、样式等是否符合标准要求。

（4）依据《道路交通标志和标线　第4部分：作业区》（GB 5768.4—2017），施工路段作业区由警告区、上游过渡区、缓冲区、工作区、下游过渡区和终止区共6个区域组成。作业区限速值不应大于表5-1规定，限速过渡差不宜超过20km/h，可按200m降低20km/h设置。

作业区限速值　　　　　　　　　　　　表5-1

设计速度（km/h）	100	80	60	50、40、30	20
限速值（km/h）	70	60	40	30	20

（5）警告区的长度不应小于表5-2的规定。

警告区最小长度　　　　　　　　　　表5-2

设计速度（km/h）	100	80	60	50	40	30	20
公路作业区（m）	1000	600	400	400	300	300	200

（6）上游过渡区长度根据作业占用道路宽度和设计车速确定，取值宜按现行《道路交通标志和标线 第3部分：道路交通标线》（GB 5768.3—2009）渐变段长度的规定。当作业区位于隧道内时，上游过渡区应适当延长。作业区位于路肩时，上游过渡区长度可按以上值的三分之一选取。

（7）缓冲区的长度宜大于表5-3的规定。

缓冲区的最小长度 表5-3

限制速度（km/h）	20、30	40	60	80
缓冲区长度（m）	15	40	80	120

（8）工作区长度应综合考虑交通延误和作业经济性确定，下游过渡区的长度不应小于道路缩减宽度，终止区最小长度应按表5-4选取。

终止区的最小长度 表5-4

限制速度（km/h）	终止区长度（m）
≤40	10～30
>40	30

5.11.2 治理对策

（1）严格按照相关法规的要求进行施工路段的审批。

（2）设置施工作业区标志标线。施工作业路段要根据作业的性质设置临时标志、临时标线和其他安全设施，做好警告区、上游过渡、纵向缓冲区、工作区、下游过渡区和终止区等设置。

（3）做好施工作业区安全防护。施工作业路段各控制区域，按照有无施工机械、作业人员以及施工作业区危险等级，设置安全锥、防撞桶、防撞墙、警示诱导桩、水泥隔离墩等交通安全设施。

（4）做好施工作业区交通组织。施工区交通组织主要包括交通分流和交通管制两大类。交通分流包括所在区域路网空间分流和时间分流两类，交通管制主要针对施工作业区的限时通行、限车种通行、分道行驶、信息诱导等多种策略。

5.11.3　案例解析

1）示例1：　河北省保定市 G107 国道施工路段

（1）路段概况

G107 国道 K99 +900 ~ K103 +100 段，原双向四车道，因道路扩宽施工，现为双向两车道，因道路变窄成拥挤路段（每日单向车流量 5540 辆），见图 5-101。

图 5-101　G107 国道 K99 +900 ~ K103 +100 施工路段概览

（2）安全隐患分析

①道路窄且车流量大，机非混合通行容易发生碰撞事故。

②昌盛街南延路口因修路拆除原有交通信号灯，造成路口交通混乱，易发生交通事故。

（3）改善措施

①在 G107 国道北河大桥南、五岔口分别设置"前方施工 车辆慢行"提示标志，在施工路段前设置"前方施工 注意安全"提示标志，提示驾驶人注意行车安全。

②在昌盛街南延路口设置临时交通信号灯，科学调配时间，确保路口通行秩序良好。

③为确保夜间车辆通行安全，在施工路段开口处设置多处爆闪警示灯，督促施工单位按照规定安装安全警示灯，粘贴反光标识。

G107 国道 K99 +900 ~ K103 +100 施工路段改善方案如图 5-102 所示。

图 5-102　G107 国道 K99＋900～K103＋100 施工路段改善方案

（4）改善效果

通过上述工作措施，提高了车辆的通行速度，确保道路慢而不堵，有效预防交通事故的发生。自施工以来，该路段交通事故起数同比减少 38%，未发生死亡交通事故。

2）示例 2：新疆兵团 S215 省道施工路段

（1）路段概况

S215 省道 K83 处，道路因施工双向两车道合并为单车道，为路况不良路段，限速 20km/h，未施划车行道线，见图 5-103。

图 5-103　S215 省道 K83 处施工路段概览

（2）安全隐患分析

①道路处于施工状态，过往各类车辆交通流量较大。

②路面较窄，在此路段会车时，因重型运输车辆体型较大容易遮挡视线，驾驶人无法观察前方对向两侧来车情况，会车时通行效率低，且发生碰撞的风险较大。

③道路两侧有加油站及部分商铺，车辆出现交通事故会造成严重的交通拥堵或其他情况。

（3）改善措施

①在道路两侧设置"道路施工"警告标志，提示驾驶人注意。

②拓宽道路路基，铺设路面沥青。

③安装中央金属护栏，分隔为双向车道，避免各类车辆在此路段会车等交通安全隐患。

S215 省道 K83 处施工路段改善方案如图 5-104 所示。

图 5-104　S215 省道 K83 处施工路段改善方案

（4）改善效果

通过采取路基拓宽改建、加装中央隔离设施等措施，S215 省道 K83 处施工路段的交通状况得到明显改善，交通安全水平显著提升。

3）示例 3：江西省景德镇市 G206 国道施工路段

（1）路段概况

G206 国道 K1521 + 830（沙嘴头大桥）处，双向两车道，因施工影响车辆正常通行，限速 30km/h，中心施划双黄实线，见图 5-105。

（2）安全隐患分析

①施工路段路侧安全防护不全，车辆超车或借道通行容易发生交通事故。

②施工路段为桥梁，车辆冲出路外的后果较为严重。

图 5-105　G206 国道 K1521 + 830 处施工路段概览

（3）改善措施

①在施工路段增设防撞桶，提示驾驶人注意。

②在施工路段增设危险警示灯，提醒驾驶人减速行驶。

G206 国道 K1521 + 830 处施工路段改善方案如图 5-106 所示。

图 5-106　G206 国道 K1521 + 830 处施工路段改善方案

（4）改善效果

通过设置防撞桶、危险警示灯等，显著地提升了该路段安全性。

4）示例 4：江西省赣州市 G535 国道施工路段

（1）路段概况

G535 国道赣州市龙南市渡江段，施工路段现场交通安全设施设置不规范，见图 5-107。

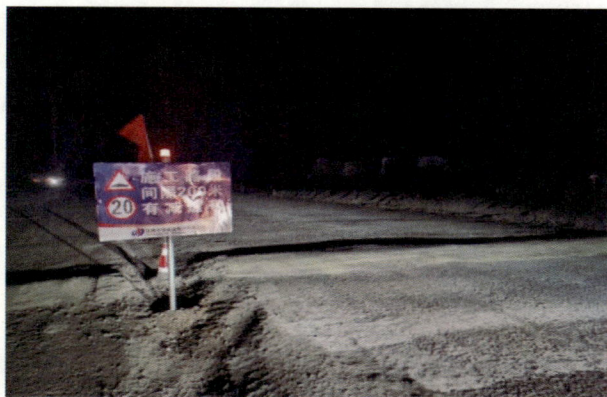

图 5-107　G535 国道渡江施工路段概览

（2）安全隐患分析

施工路段，无交通安全防护措施，易发生交通事故。

（3）改善措施

①使用反光锥筒作为中央分隔带，并用反光沙袋固定。

②使用石粉设置减速带，并增加反光粉及反光立柱，起到夜间警示作用。

③全线每隔 200m 设置 1 处减速带，并设置安全警示牌及危险警示灯，保障过往车辆、行人交通安全。

G535 国道渡江施工路段改善方案如图 5-108 所示。

图 5-108　G535 国道渡江施工路段改善方案

（4）改善效果

通过增设中央分隔带、反光路锥、反光柱、每隔 200m 设置 1 处减速带等，显著地提升了该路段的安全性。

道路技术指标
简易测量方法

道路技术指标应以工程实际测量为准，参考《公路安全生命防护工程实施技术指南（试行)》，部分常用道路技术指标（纵坡坡度、弯道半径、视距、路侧边坡高度）可采用如下简易测量方法。

A.1 纵坡坡度

采用坡度仪、坡度尺等测量工具，将坡度尺的测量面沿公路纵向与中心线接触。旋转刻度旋轮，直到水准管气泡居中，读取指针尖端对准刻度盘上的数字。同一地点应连续测量 3 次取平均值。

A.2 弯道半径

采用皮尺、测距仪等工程测量仪器，如图 A-1 所示，首先在实地上找出弯道的中线以及弯道的中点，将 20m 或 30m 长的皮尺拉直，两端置于弯道中线上；再将弯道中点与皮尺中点进行连线且与皮尺保持垂直，量出两点间的距离 D。弯道半径 R 可按下式计算，也可查表 A-1 获得。同一地点应连续测量 3 次取平均值。

$$R = \frac{D}{2} + \frac{L^2}{8D}$$

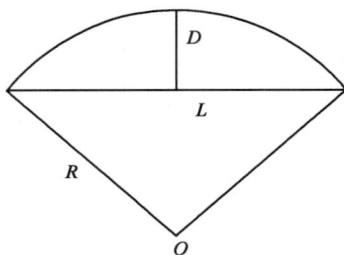

图 A-1　弯道半径简易测量示意图

弯道半径计算表（单位：m）　　　表 A-1

L=20m		L=30m	
D	R	D	R
1.00	51	1.00	113
1.10	46	1.10	103
1.20	42	1.20	94
1.30	39	1.30	87
1.40	36	1.40	81
1.50	34	1.50	76
1.60	32	1.60	71
1.70	30	1.70	67
1.80	29	1.80	63
1.90	27	1.90	60
2.00	26	2.00	57
2.10	25	2.10	55
2.20	24	2.20	52
2.30	23	2.30	50
2.40	22	2.40	48
2.50	21	2.50	46
2.60	21	2.60	45
2.70	20	2.70	43
2.80	19	2.80	42
2.90	19	2.90	40
3.00	18	3.00	39
3.10	18	3.10	38
3.20	17	3.20	37
3.30	17	3.30	36
3.40	16	3.40	35
3.50	16	3.50	34
3.60	16	3.60	33
3.70	15	3.70	32
3.80	15	3.80	32
3.90	15	3.90	31
4.00	15	4.00	30

A.3 视距

采用轮式测距仪（精度 0.1m），如图 A-2 所示，首先在车道中心线上规定的视线高度（1.2m 或 2.0m）确定试点 P_1，人眼视线范围内，确定远处路面最左侧边缘目标点 P_2 和路面最右侧边缘目标点 P_3（P_2、P_3 距路面高度为 0.1m）；使用轮式测距仪沿该车道中心线分别测量 P_1 距离 P_2 和 P_3 的长度，取二者中的较小值。以一定步长（如 10m）移动视点 P_1，重复上述测量过程。同一地点应连续测量 3 次，取 3 次测量结果中的最小值作为视距测量结果。

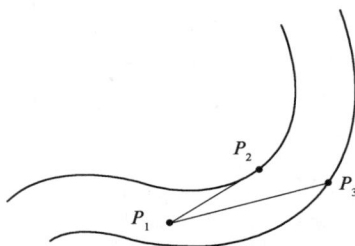

图 A-2　视距简易测量示意图

A.4 路侧边坡高度

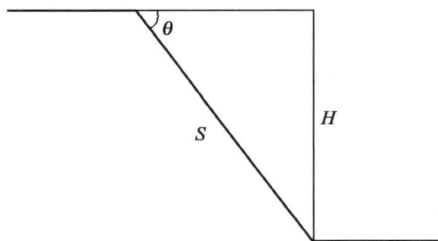

图 A-3　路侧边坡高度简易测量示意图

采用手持激光测距仪（量程大于 10m）、坡度尺，将激光测距仪放置于边坡顶点，激光束延边坡面对准，边坡坡底的目标点，获得读数 S。将坡度尺的测量面与边坡坡面接触，旋转刻度旋轮，直到水准管气泡居中，读取指针尖端对准刻度盘上的数字，获得边坡坡度 θ。同一地点应连续测量 3 次平均值。根据图 A-3 所示几何关系，按 $H = S \times \sin\theta$ 计算边坡高度。

常用交通设施安全隐患
简易排查方法

从排查方式和排查内容两个方面介绍交通标志、交通标线、交通信号灯、隔离防护设施等常用交通设施安全隐患简易排查方法。

B.1　交通标志

B.1.1　禁令、指示标志排查

1）排查方法

（1）数据检查法

根据道路分布情况和交通组织情况，对交通设施管理部门掌握的道路交通设施基础数据进行综合分析。

（2）实地观察法

结合现场拍照、摄像等现场调查手段，判断禁令、指示标志的设置是否存在问题。

2）排查项目

（1）交通组织匹配性排查

排查禁令、指示标志与交通组织的意图是否相匹配，辅助标志中描述的时间、车种、范围、原因等信息与管理措施是否匹配等。

（2）完整性排查

根据道路交通组织形式，排查禁令、指示标志设置是否齐全，是否存在因标志缺失造成道路使用者误入禁行区域的问题。

（3）有效性排查

根据道路环境及交通组织变化情况，排查标志设置是否已失去原有的目的。

（4）绕行条件排查

根据行驶路径，排查禁令、指示标志前方是否提供了条件完备的绕行路线或宣传、提示标志，是否存在因标志设置不当造成驾驶人进退两难的问题。

（5）标志矛盾排查

根据交通组织意图，排查禁令、指示标志之间是否存在矛盾现象，是否存在引起道路使用错误及致使执法依据矛盾的问题。

（6）标志标线矛盾排查

根据交通组织意图，排查禁令、指示标志与标线是否存在矛盾现象，是否引起道路使用错误及执法依据矛盾问题。

（7）视认性排查

进行全天候、全路况状态下的视认性排查，要考虑道路宽度、前车遮挡、逆光识读、背景光源干扰、黄昏和黎明、夜间视认性等，排查是否有发现困难、认读困难的问题。

B.1.2　指路标志排查

1）排查方法

（1）数据检查法

利用交通设施管理部门掌握的道路交通设施基础数据，通过数据排查法对指路标志设置合理性进行排查。

（2）分道线印记观测法

可通过观察分道线是否有被车辆频繁碾压留下的印记，分道岛头或路缘石是否有被车辆频繁碾压的现象，来判断指路标志是否存在预告距离不足或提示强度较低等问题。

2）排查项目

（1）视认性排查

指路标志是否朝向来车方向；预告指路标志是否充分考虑了视距和变线距离，是否告知了行车道选择方式；宽阔道路的路侧指路标志是否能够被各车道驾驶人充分视读；全天候视认性是否得以保证。

（2）信息连续性排查

根据行进路径，排查支路标志是否存在信息丢失或指向错误问题。

（3）特殊路径排查

针对特殊路径和交通组织复杂点段，排查支路标志设置是否满足信息预告的需要，在分流点前是否存在缺失现象，标志信息是否完整清晰，指示箭头是否明确无歧义。对于通行条件限制的路段，是否提供了预告信息和绕行指引。

（4）完整性排查

排查指路标志是否按标准配置齐全，是否存在缺失现象。

（5）内容规范排查

排查指路标志版面信息，包括道路名称、地点名称、图形、箭头指向、方向、距离等信息是否准确无误，是否符合规范具体要求。

（6）标志标线统一性排查

指路标志往往与地面文字、箭头配合使用，以提高道路语言表达的全面性和视认效果。排查中注意指路标志名称与地面文字标志内容是否一致，路口导向标志箭头与渠化路段车道导向箭头方向是否一致，避免语义冲突和矛盾。

B.1.3 警告标志排查

1）排查方法

（1）数据检查法

利用交通设施管理部门掌握的道路交通设施基础数据，通过数据排查法对警告标志设置合理性进行排查。

（2）实地观察法

在不同车道、不同天气条件、不同时间段、不同交通环境下沿道路巡查，通过主动观察和驾车体验检查标志设置效果。

（3）制动印记观测法

通过观察路面出现的紧急制动印记现象，判断紧急制动原因，进而判断警告标志是否缺失。

（4）车速变化观察法

实地观察时，在接近警告标志前，观测途经车辆的车速变化是否明显，尾部制动灯亮起的时间是否充分提前等，都是有效的排查方式。

2）排查项目

（1）警告标志缺失排查

排查警告标志与道路实际存在危险元素是否匹配并设置齐全，是否存在缺失现象。

（2）警告标志过多排查

同一点需要设置2个以上警告标志时，原则上只设置其中最需要的一个。在仅设置一个不足以完成安全劝告时，要通过辅助说明和视认性优化等措施加强标志的劝服力。

（3）有效性排查

在道路环境改善或危险因素消除后，排查标志设置是否已失去原有的目的。

（4）视认性排查

全天候视认性是警告标志实现其功能的先决条件，要排查标志的发现距离和识读性。在高度安全敏感路段，要特别注意排查标志的劝服力，必要时要增设原因告知辅助标志，提升标志视认性。

B.1.4　标志并设及设置顺序排查

1）　排查方法

采用实地观察法，通过实地察看、判断标志并设的种类、数量及安置顺序问题。

2）　排查项目

（1）标志并设种类及数量排查

排查标志并设数量是否过多，种类是否交叉。标志并设数量过多、顺序混乱等，都会影响标志的视认性。

（2）并设标志设置顺序排查

排查标志是否按禁令、指示、警告的顺序，先上后下、先左后右地排列。

B.1.5　标志设置位置排查

1）　排查方法

（1）测量法

利用钢卷尺、直尺、测距仪、经纬仪等工具，或通过记录步幅数量、车辆里程表差值等手段，测量标志的纵向、横向、高度、角度数值，进而判断标志的设置位置是否符合标准要求。

（2）参照物法

以排查人员自身、车辆、便携工具、周边设施等为参照物，利用熟悉的尺寸

（车身高度、步幅距离等）与标志设置位置指标进行比对，进而粗略判断标志设置位置是否符合标准要求。

2）排查项目

（1）排查各类标志位置是否符合纵向距离要求，警告、指示标志前置距离是否满足安全距离要求，标志间距是否满足要求。

（2）排查各类标志位置是否符合横向距离要求，标志是否采用右侧设置，是否满足与道路建筑界限的距离要求，同类标志横向间距是否统一，是否直接设置在车行道路面上。

（3）排查标志下缘距路面的高度是否满足要求，是否留有足够的净空。

（4）排查标志水平和俯仰角度是否满足要求，是否偏离警示、告知方向，是否有眩光。

（5）排查标志是否占用盲道等公用设施，是否影响行人正常通行。

B.2 交通标线

B.2.1 纵向标线排查

1）排查方法

（1）数据检查法

利用交通设施管理部门掌握的道路交通设施基础数据，通过数据排查法对纵向标线设置合理性进行排查。

（2）实地观察法

在实地排查过程中，对纵向标线进行逐一检查，并记录问题。

（3）车轮碾压痕迹观测法

在排查过程中，观察纵向标线上车轮碾压留下的痕迹以及痕迹的清晰程度，判断车辆对标线的碾压频率，从而排查纵向标线设置是否合理。

2）排查项目

（1）交通组织匹配性排查

排查纵向标线施划设置是否正确，禁令类、指示类标线间是否存在矛盾现象，标线与标志间是否存在语义矛盾现象等。

（2）开口处车行道分界线、边缘线排查

排查道路路侧及中央隔离带开口处，纵向标线是否按照要求断开，或者根据管理措施采用对应的虚线、实线或虚实线的设置方式。

（3）掉头处车行道分界线排查

排查掉头处对向车道分界线是否采用虚实线设置。

（4）车站及港湾处车行道边缘线排查

排查车站、港湾等路侧交通基础设施处，机非分道线或车行道边缘线的虚实线设置是否符合车辆进出的需求。

（5）横断面突变处标线排查

排查车道数变化及道路宽度变化处，纵向标线线形过渡是否舒缓，优先级别是否明确；避免加减速车道、合流车道路段距离过短等导致车辆产生拥堵，避免因并线引起的剐蹭事故。

（6）路口导向线及引导线排查

排查路口导向线线段起点与路口距离、导向线宽度是否符合标准要求，导向车道宽度是否符合交通需求，是否存在车辆频繁碾压标线的现象。

（7）纵向标线设置缺失排查

排查道路纵向标线设置是否满足交通出行和交通管理的需求，是否存在无交通标线的道路或路口、路段，道路障碍物周边路段警告标线是否设置齐全、效果明显，并与交通标志、信号相匹配。

（8）标线的视认性排查

对于标线缺失、模糊不清，或者雨水多、积雪多的路段标线被淹没等情况，应该进行记录。

B.2.2　横向标线排查

1）排查方法

（1）数据检查法

利用交通设施管理部门掌握的道路交通设施基础数据，通过数据排查法对横向标线设置合理性进行排查。

（2）现场观察法

在实地排查过程中，对横向标线进行逐一排查，并记录问题。

（3）事故数据分析法

通过对全线交通事故数据进行分析，提炼出可能与横向标线相关联的事故多发点段，逐一排查横向标线设置是否符合规范要求。

2）排查项目

（1）人行横道线排查

排查路口、路段人行横道线是否设置齐全，样式是否准确，是否与人行道有效衔接，路段人行道设置位置及间距是否合理。按照灯控、非灯控两种类型，排查与人行横道线配套使用的停止线、交通标志、信号灯设施是否协调一致。

（2）停止线排查

排查交叉路口、铁路平交道口、左转弯待转区前端、人行横道线前的停止线位置是否符合规定，设置是否齐全，停止线与人行横道线之间是否满足100～300cm的距离要求。

（3）减速让行、停车让行标线排查

排查非灯控路口、主路出入口、合流点等位置减速让行、停车让行标线设置是否齐全准确，标线与标志是否配合一致，与人行横道之间是否满足100～300cm的距离要求。

（4）危险路段车距确认及减速标线排查

针对易发生追尾事故的路段、长直路段或弯道、坡道路段，排查是否设置了车距确认标线或减速标线，设置样式是否符合国标规定，车距确认标线是否与车距确认标志配合使用。

（5）全天候视认性排查

遇到积水、积雪、频繁有渣土的路段，排查横向标线是否能保证安全视距，如不能，要及时记录情况，并使用路侧轮廓标、警示桩和标志等进行提示。

B.2.3 其他标线排查

1）排查方法

（1）现场观察法

在实地排查过程中，对相关内容进行逐一排查，并记录问题。

（2）事故数据分析法

适用于排查限速地面标记、立面标记设置等情况。

（3）车轮碾压痕迹观测法

适用于对出入口标线、路口导流线、专用车道标线等进行排查。

2）排查项目

（1）图形标记排查

排查非机动车等路面图形标记设置，是否符合位置、间隔等要求。

（2）文字标记排查

排查包括速度限制标记、车道标记、指路文字标记、出口指示文字标记等路面标记，是否符合规范要求，文字顺序是否正确，限速文字内容是否与管理措施一致并与标志相配合，指路文字是否与指路标志内容相配合。

（3）导向箭头排查

排查路段、出入口、交叉口箭头标记设置，是否符合规范要求，路口导向箭头是否与导向标志相对应。

（4）出入口标线、路口导流线线形排查

排查出入口标线、路口导流线线形是否流畅。

（5）专用车道线排查

排查公交专用道、爬坡车道等专用车道标线是否连续；在与其他车流交叉或交织时，是否按规范设置进出指示标线。

（6）立面标记排查

排查视线不良路段的桥梁、隧道及车行道旁危险构造物上立面标记设置，是否无缺失，是否清晰完整。

B.3　交通信号灯

B.3.1　设置缺失排查

1）排查方法

（1）数据检查法

通过对道路沿线信号灯设施数据的检查，以及对非信号灯控制交叉口交通流量和事故数量的调查，判断是否存在信号灯设施缺失问题。

（2）事故数据分析法

适用于闪光警告信号灯设置缺失的检查。

2） 排查项目

（1）机动车信号灯缺失排查

根据国标、行标的要求，排查路口机动车信号灯设置缺失情况，对于已设置机动车信号灯的路口，排查各方向机动车信号灯设置是否完整，记录缺失地点和数量。

（2）非机动车信号灯缺失排查

根据国标、行标的要求，排查路口非机动车信号灯设置缺失情况，对于已设置非机动车信号灯的路口，排查各方向非机动车信号灯设置是否完整，记录缺失地点和数量。

（3）人行横道灯设置缺失排查

根据国标、行标的要求，排查路口人行横道信号灯设置缺失情况，对于已设置人行横道信号灯的路口，排查各方向人行横道信号灯设置是否完整，记录缺失地点和数量。

（4）路段人行横道信号灯设置缺失排查

排查路段人行横道信号灯和相应的机动车信号灯设置缺失情况，记录缺失地点和数量。

（5）路口方向指示信号灯设置缺失排查

排查路口方向指示信号灯设置缺失情况，记录缺失地点和数量

（6）闪光警告信号灯设置缺失排查

排查闪光警告信号灯设置缺失情况，记录缺失地点和数量。

（7）车道信号灯设置缺失排查

排查车道信号灯设置缺失情况，记录缺失地点和数量。

B. 3. 2　安装数量和位置排查

1） 排查方法

可采用综合检查法，由设计图分析、示意图对比、实地观察对比和现场测量

等多项环节构成。

2） 排查项目

（1） 安装数量排查

排查交通信号灯安装数量是否符合要求，现有灯组数是否满足视认的需要。

（2） 机动车信号灯安装位置排查

排查机动车信号灯安装位置是否符合规范，是否与道路横断面形式相匹配，是否有利于机动车驾驶人的观察，是否存在视认盲区，重点排查畸形路口信号灯设置位置是否会造成观察混乱，是否存在语义冲突。

（3） 非机动车信号灯安装位置排查

排查非机动车信号灯安装位置是否符合规范，是否与道路横断面形式相匹配，是否有利于骑车人的观察，是否存在视认盲区。

（4） 人行横道信号灯安装位置排查

排查人行横道信号灯安装位置是否符合规范，对向信号灯设置距离是否过长，是否有利于过街行人的观察和使用。

（5） 其他信号灯安装位置排查

排查车道信号灯、闪光警告信号灯、道口信号灯安装位置是否符合规范，是否有利于观察。

（6） 信号灯安装高度排查

排查信号灯安装高度是否符合规定，是否侵入道路净空限界范围，是否与架空线缆保持安全距离。

（7） 信号灯悬臂长度排查

排查悬臂式信号灯横臂长度是否与道路宽度相匹配，是否有利于信号控制功能发挥。

（8） 信号灯安装角度排查

结合实际道路几何形状，排查信号灯水平、垂直角度是否满足视认需求，重点是畸形路口信号灯安装水平角度是否会误导其他方向车辆，存在放行安全隐患。

（9） 信号灯设施路障排查

从实际实用角度出发，排查信号灯灯杆、电源箱杆、信号机机柜设施是否占用盲道等公共通行设施，是否影响行人正常通行。

B.4　隔离防护设施

B.4.1　隔离护栏排查

1）排查方法

以实地观察法为主，排查人员通过步行或驾车的方式对隔离护栏设置情况进行沿线排查，记录存在的问题。

2）排查项目

（1）视认性排查

在白天和夜间分别排查护栏的视认性，并记录视认缺陷，利用反光材料进行改善。

（2）缺失排查

排查隔离护栏在与其他道路设施或隔离装置的衔接部位，是否存在缝隙和间隔。

（3）设置位置排查

排查在道路断口处护栏是否按需求断开，车道分隔护栏是否沿车道分界线设置，护栏端头与相应标线端头位置是否存在大幅差异。排查护栏是否存在整体或局部位移和偏离现象，是否与转弯车辆正常行驶路径存在矛盾。

（4）锚固件松动排查

逐个排查各连接部位螺栓与螺母是否松动，判断咬合紧密程度。

B.4.2　安全隔离岛排查

1）排查方法

主要采用实地观察法，紧固件排查需借助工具进行逐一检查。

2）排查项目

（1）破损排查

排查安全隔离岛各构件是否存在因人为破坏或交通事故造成的断裂、残缺、反光膜脱落等损坏现象。

（2）紧固件松动排查

逐个排查各连接部位螺栓与螺母是否松动，判断咬合紧密程度。

（3）污物附着排查

排查安全隔离岛是否存在粘贴小广告、喷涂文字图画、尘土污泥等污物附着的现象。

B.4.3　防撞护栏排查

1）排查方法

（1）数据分析法

依托公路交通安全设施设计图、施工图、竣工图获取护栏设置及养护数据，分析护栏设置参数是否符合标准要求。

（2）实地观察法

排查人员步行或驾车对道路沿线护栏设置情况进行整体排查，对存在问题的护栏进行拍照、摄像并记录。

（3）工程量测法

采用钢卷尺、游标卡尺、立柱埋深检测仪等专业测量工具对护栏的梁板厚度、宽度，立柱的直径、长度、埋深、间距，保护层厚度等进行量测，判断护栏设置参数是否符合标准要求。

2）排查项目

（1）视认性排查

在白天和夜间分别排查护栏的视认性，并记录视认缺陷。

（2）缺失排查

排查急弯、高落差、弯坡组合、外侧有居民区、桥梁等路段，是否设置护栏。

（3）选型排查

结合交通事故情况、路侧险要程度，排查护栏类型、防撞等级的选取是否合理。

（4）设置位置排查

排查车道分隔护栏是否沿车道分界线设置，护栏端头是否外露，护栏设置是否连续，护栏是否存在整体或局部位移和偏离现象。

（5）构造参数排查

排查护栏板的长度、高度，立柱的长度、埋深、间距等参数，是否符合规范要求。

（6）紧固件松动排查

逐个排查护栏板锚固螺栓与螺母是否存在松动、缺失等问题。

（7）使用年限排查

排查护栏的使用年限是否超过或临近设计年限，超过或临近设计年限的是否进行防撞性能检测。

道路安全隐患排查治理
报告格式

可参照以下格式和架构编制道路安全隐患排查治理报告。

C.1 报告格式

C.1.1 报告结构

（1）封面；

（2）著录页；

（3）目录；

（4）正文。

C.1.2 封面内容

（1）行政辖区名称；

（2）标题，为"×××道路安全隐患排查治理报告"；

（3）排查单位名称；

（4）排查报告完成日期。

C.1.3 著录页内容

（1）行政辖区名称；

（2）标题，为"×××道路安全隐患排查治理报告"；

（3）本次排查年度；

（4）排查单位负责人、排查负责人及主要参加人员姓名；

（5）排查单位名称及公章；

（6）排查报告完成日期。

C.2　报告主要内容

C.2.1　道路基本情况

简要介绍待排查道路建设时间、道路等级、设计速度、车道数等道路属性参数，隔离防护设施、交通信号灯、限速设施等设施的设置情况，交通流构成、交通冲突、潜在安全风险等交通流运行特征，以及其他需要说明的问题。

C.2.2　交通事故及违法特征

从待排查道路交通要素特征入手，针对行车环境对交通安全的综合影响，基于近年来的交通事故数据，多角度分析道路几何设计、交通设施设置、交通流状态等对交通事故的影响，挖掘交通事故中潜在的道路因素。

C.2.3　交通安全隐患分析

结合待排查道路的交通事故情况，在实地调查的基础上，总结归纳出全线存在的共性安全隐患、以及重要节点路段存在的典型安全隐患问题。

C.2.4　安全隐患改善建议

从提高道路线形技术指标、完善交通安全设施设置、优化交通组织设计、增加交通科技管控手段等方面，制定针对道路全线共性安全隐患、主要隐患点段的改善治理建议。

参 考 文 献

[1] 交通运输部. 2020 年交通运输行业发展统计公报 [R]. 2021.

[2] 公安部交通管理局. 中华人民共和国道路交通事故统计年报（2016—2020 年度）[R]. 2021.

[3] 公安部交通管理局. 公路交通事故多发点段及严重安全隐患排查工作规范（试行）[R]. 2019.

[4] 梁立松，李洋. 道路交通安全管理设施巡查手册 [M]. 北京：人民交通出版社，2011.

[5] 张杰，陆宇红，张娱，等. 重特大交通事故中道路设施及安全管理问题解析 [M]. 北京：人民交通出版社股份有限公司，2021.

[6] 周蔚吾，蔡策，李克山. 公路交通标志标线综合设置技术手册 [M]. 北京：人民交通出版社，2008.

[7] 美国交通运输研究委员会出入口管理分会. 道路出入口管理手册 [M]. 杨孝宽，译. 北京：中国建筑工业出版社，2009.

[8] 交通运输部公路科学研究院. 公路安全生命防护工程实施技术指南（试行）[M]. 北京：人民交通出版社股份有限公司，2015.

[9] 全国道路交通管理标准化技术委员会. 城郊干道交通安全评价指南：GB/T 37458—2019 [S]. 北京：中国标准出版社，2019.

[10] 全国交通工程设施（公路）标准化技术委员会. 道路交通标志和标线 第 1 部分：总则. 北京：GB 5768.1—2009 [S]. 北京：中国标准出版社，2009.

[11] 全国交通工程设施（公路）标准化技术委员会. 道路交通标志和标线 第 2 部分：道路交通标志：GB 5768.2—2022 [S]. 北京：中国标准出版社，2022.

[12] 全国交通工程设施（公路）标准化技术委员会. 道路交通标志和标线 第 3 部分：道路交通标线：GB 5768.3—2009 [S]. 北京：中国标准出版社，2009.

[13] 全国交通工程设施（公路）标准化技术委员会. 道路交通标志和标线 第 4 部分：作业区：GB 5768.4—2017 [S]. 北京：中国标准出版社，2017.

［14］全国交通工程设施（公路）标准化技术委员会．道路交通标志和标线　第 5 部分：限制速度：GB 5768.5—2017 ［S］．北京：中国标准出版社，2017.

［15］公安部道路交通管理标准化技术委员会．道路交通信号灯：GB 14887—2011 ［S］．北京：中国标准出版社，2011.

［16］中华人民共和国公安部．道路交通信号灯设置与安装规范：GB 14886—2016 ［S］．北京：中国标准出版社，2016.

［17］全国交通工程设施（公路）标准化技术委员会．道路交通标志板及支撑件：GB/T 23827—2021 ［S］．北京：中国标准出版社，2009.

［18］全国交通工程设施（公路）标准化技术委员会．道路交通标线质量要求和检测方法：GB/T 16311—2009 ［S］．北京：中国标准出版社，2009.

［19］全国交通工程设施（公路）标准化技术委员会．公路临时性交通标志：GB/T 28651—2012 ［S］．北京：中国标准出版社，2011.

［20］全国交通工程设施（公路）标准化技术委员会．交通警示灯　第 1 部分：通则：GB/T 24965.1—2010 ［S］．北京：中国标准出版社，2010.

［21］全国交通工程设施（公路）标准化技术委员会．交通警示灯　第 2 部分：黄色闪烁警示灯：GB/T 24965.2—2010 ［S］．北京：中国标准出版社，2010.

［22］全国交通工程设施（公路）标准化技术委员会．交通警示灯　第 3 部分：雾灯：GB/T 24965.3—2010 ［S］．北京：中国标准出版社，2010.

［23］公安部道路交通管理标准化技术委员会．道路交通安全设施基础信息采集规范：GA/T 1495—2018 ［S］．北京：中国标准出版社，2018.

［24］公安部道路交通管理标准化技术委员会．城市道路主动发光交通标志设置指南：GA/T 1548—2019 ［S］．北京：中国标准出版社，2019.

［25］公安部道路交通管理标准化技术委员会．闪光警告信号灯：GA/T 743—2016 ［S］．北京：中国标准出版社，2016.

［26］公安部道路交通管理标准化技术委员会．道路交通危险警示灯：GA/T 414—2018 ［S］．北京：中国标准出版社，2018.

［27］公安部道路交通管理标准化技术委员会．道路交叉口发光警示柱：GA/T 1246—2015 ［S］．北京：中国标准出版社，2015.

［28］公安部道路交通管理标准化技术委员会．公路工程技术标准：JTG B01—2014 ［S］．北京：人民交通出版社股份有限公司，2014.

［29］ 中交第一公路勘察设计院有限公司. 公路路线设计规范：JTG D20—2017 ［S］. 北京：人民交通出版社股份有限公司，2017.

［30］ 交通运输部公路科学研究院. 公路交通安全设施设计规范：JTG D81—2017 ［S］. 北京：人民交通出版社股份有限公司，2017.

［31］ 交通运输部公路科学研究院. 公路交通安全设施设计细则：JTG/T D81—2017 ［S］. 北京：人民交通出版社股份有限公司，2017.

［32］ 交通运输部公路科学研究院. 公路技术状况评定标准：JTG 5210—2018 ［S］. 北京：人民交通出版社股份有限公司，2018.

［33］ 交通运输部公路科学研究院. 公路沥青路面养护技术规范：JTG 5142—2019 ［S］. 北京：人民交通出版社股份有限公司，2019.

［34］ 中交第二公路勘察设计院有限公司. 公路路基设计规范：JTG D30—2015 ［S］. 北京：人民交通出版社股份有限公司，2015.

［35］ 中交路桥技术有限公司. 公路排水设计规范：JTG/T D33—2012 ［S］. 北京：人民交通出版社，2012.

［36］ 招商局重庆交通科研设计院有限公司. 公路隧道设计规范 第二册：交通工程与附属设施：JTG D70/2—2014 ［S］. 北京：人民交通出版社股份有限公司，2014.

［37］ 重庆市交通委员会. 公路隧道养护技术规范：JTG H12—2015 ［S］. 北京：人民交通出版社股份有限公司，2015.

［38］ 中交公路规划设计院有限公司. 公路桥涵设计通用规范：JTG D60—2015 ［S］. 北京：人民交通出版社股份有限公司，2015.

［39］ 北京深华达交通工程检测有限公司. 公路护栏安全性能评价标准：JTG B05-01—2013 ［S］. 北京：人民交通出版社，2013.

［40］ 交通运输部公路科学研究院. 公路养护安全作业规程：JTG H30—2015 ［S］. 北京：人民交通出版社股份有限公司，2015.

［41］ 交通运输部公路科学研究院. 公路限速标志设计规范：JTG/T 3381-02—2020 ［S］. 北京：人民交通出版社股份有限公司，2020.